La noticia

Mar de Fontcuberta

La noticia

Pistas para entender
el mundo

Nueva edición revisada y ampliada

PAIDÓS

Barcelona • Buenos Aires • México

Cubierta de Idee

1.ª edición, 1993
1.ª edición de esta versión revisada y ampliada, septiembre 2011

© Mar de Fontcuberta, 1993, 2011
© 1993, 2011 de todas las ediciones en castellano
  Espasa Libros, S. L. U.,
  Avda. Diagonal, 662-664. 08034 Barcelona
  Paidós es un sello editorial de Espasa Libros S. L. U.
  www.paidos.com

ISBN: 978-84-493-2571-7
Depósito legal: M 26516-2011

Impreso en Artes Gráficas Huertas, S.A.
Camino viejo de Getafe, 60 – 28946 Fuenlabrada (Madrid)

El papel utilizado para la impresión de este libro es cien por cien libre de cloro y está
calificado como papel ecológico

Impreso en España – *Printed in Spain*

Para Amancia
In memóriam

SUMARIO

INTRODUCCIÓN

Escribir sobre la noticia no es una empresa fácil. La presencia de los medios de comunicación es algo tan evidente en nuestras vidas, tan cotidiano, que cualquier persona sabe lo que son y opina sobre lo que hacen. El binomio es simple: hay periodistas que producen información y hay un público que no sólo la consume, sino que en la era digital también comparte el objetivo de informar. Para los primeros es difícil pensar sobre su trabajo, porque la actividad profesional debe responder a exigencias impuestas por los medios y por las audiencias, y se desarrolla en un contexto y con un ritmo laboral nada propicio para la reflexión. El segundo está más preocupado (cuando lo está) por lo que dicen los medios que por los medios en sí. Hay una opinión, ampliamente extendida en la sociedad, de que los receptores no necesitan un aprendizaje de los medios, dada su accesibilidad. Según esta teoría, el acceso frecuente a los medios digitales, la lectura diaria de la prensa y la sintonización cotidiana de emisoras de radio o canales de televisión, convierten al usuario en un experto que no requiere ulteriores conocimientos y, mucho menos, aprendizajes.

La consecuencia de tal estado de cosas es que los estudios sobre la producción, el desarrollo, la estructura y recepción de los medios se han hecho generalmente desde campos ajenos a la profesión periodística: sociólogos, filósofos, historiadores y comunicólogos en general han diseccionado el periodismo desde múltiples vertientes y desde distintos puntos de vista. En ese contexto, los profesionales de la información han sido más veces objeto que sujeto del análisis.

Este libro se ha escrito con un pie en el campo profesional y otro en el académico. Veinte años en la profesión y cuarenta en la universidad lo explican, no lo avalan. Cuando empecé a compaginar el periodismo y la docencia, mi primer objetivo fue transmitir lo elemental de la profesión a quienes serían futuros periodistas. Años más tarde comprobé que tenía que distanciarme de la práctica profesional para reflexionar sobre dicha práctica. La distancia me sirvió para darme cuenta de la necesidad de incidir en la profesión.

Las páginas que siguen son el resultado de ese proceso. Explican las circunstancias en las que se producen las noticias, porque considero que el principal objetivo del periodismo sigue siendo el de informar, y la pieza fundamental de la información sigue siendo la noticia. Pero una noticia no empieza en el momento de su redacción ni acaba en el momento de su recepción. La noticia es un auténtico síntoma social y el análisis de su producción arroja muchas pistas sobre el mundo que nos rodea. Considero que hoy en día a un receptor bien informado no le basta con recibir información; debe conocer por qué recibe esa información y no otra. Éste es el propósito del libro.

En los primeros capítulos se analizan conceptos clave en periodismo como *acontecimiento*, *actualidad periodística* y las razones que inciden en la caracterización de algunos hechos como noticiables. También se analizan tendencias que aparecen en el periodismo actual: desde los cambios que introducen los medios digitales, hasta la conversión de hechos no sucedidos en noticias o los nuevos temas que interesan a la audiencia, como la vida privada o las distintas especializaciones. Los capítulos 3, 4, 5 y 6 suministran metodología para producir noticias, desde la estructura y el lenguaje hasta los titulares. Y, por último, hay una referencia explícita al nuevo papel de los periodistas que se hallan en el umbral de un gran cambio que no siempre las empresas de comunicación saben entender.

El tratamiento no pretende ser exhaustivo. La extensión del libro impide serlo y cada tema puede y debe ampliarse a gusto del lector. Pero sí quiere apuntar las bases necesarias para adentrarse, de manera crítica, en un ámbito que, nos guste o no, es parte fundamental de nuestra percepción del mundo.

Capítulo 1

EL PERIODISMO, INFORMACIÓN DE ACTUALIDAD

El periodismo encuentra su razón de ser en dos conceptos clave: acontecimiento y actualidad. A partir del primero, los medios de comunicación construyen la historia; el segundo divide el tiempo en períodos idénticos (horas, días, semanas o meses) que sirven de marco para la difusión de una serie de hechos y valores, seleccionados entre todos los que han ocurrido entre los sucesivos intervalos. Los nuevos medios han hecho posible la actualidad en tiempo real.

La palabra *noticia* forma parte de nuestro vocabulario cotidiano. Todos recibimos y comunicamos novedades con frecuencia a quien nos rodea («te has enterado?»; «¿no sabes la última?»). Cuando tenemos conocimiento de algo importante, intentamos transmitirlo con la máxima rapidez al mayor número posible de personas y con el máximo impacto. Si conseguimos audiencia, nos consideramos protagonistas; en cambio, sentimos frustración si nuestros interlocutores ya conocían la nueva. En cierta medida reproducimos, a escala reducida, el proceso que siguen los medios de comunicación.

A lo largo de la historia del periodismo se han hecho muchas interpretaciones sobre la naturaleza, el desarrollo y la producción de las noticias. En un principio la noticia periodística se definió como la comunicación a un público interesado de un hecho que acababa de producirse o de anunciarse a través de unos medios de comunicación masivos. El conjunto de noticias debía ser el reflejo de una realidad que tenía que describirse, explicarse e interpretarse a los receptores para que pudiera formarse la opinión pública. El dicho «una persona sin información es una persona sin opinión» puede parecer un tópico, pero no por ello deja de ser cierto, y por ese motivo los medios se convirtieron en protagonistas activos de un sistema social que pronto los equiparó en importancia a los poderes legislativo, ejecutivo y judicial.

Dado su papel predominante, los medios no tardaron en recibir críticas al considerar que ofrecían una realidad parcial o deformada que no se limitaba a ser un mero reflejo de lo que ocurría. Fueron acusados de falsear la realidad y de ofrecer interpretaciones erróneas. La posibilidad o imposibilidad de la objetividad periodística se convirtió en tema de un debate tan apasionado como difícil, en el que unos defendían conceptos como *verdad*, *rigor informativo*, *punto de vista* e *imparcialidad*, y otros lanzaban acusaciones de intencionalidad o manipulación tendenciosa de los hechos.

Por último, los medios fueron considerados constructores, y no meros espejos, de una sociedad que los acataba como únicos referentes. Ello significaba aceptar que las noticias no existían al margen de los medios, sino que *eran* éstos quienes decidían qué hechos eran noticia o no y, por lo tanto, quienes administraban el material informativo del que iba a nutrirse la opinión pública.

En todo ese proceso, la escala de valores de los distintos elementos que convierten un hecho en noticia ha sufrido cambios notables. El discurso periodístico tradicional tiene cinco características fundamentales: a) *actualidad*: el objeto de la noticia es lo que se acaba de producir, anunciar o descubrir; b) *novedad*: el hecho noticiable se sale de la rutina cotidiana, es excepcional y se transmite en el menor período de tiempo posible; c) *veracidad*: las noticias deben ser verídicas, es decir, responder lo más fielmente posible a la realidad; d) *periodicidad*: los hechos noticiables se presentan al público con un intervalo fijo de tiempo; y e) *interés público*: los hechos periodísticos tienen como característica fundamental la de ser punto de referencia o la de servir a las expectativas y necesidades de información de un público masivo.

Sin embargo, el concepto tradicional del periodismo ha sufrido cambios, a veces paradójicos. Así, actualmente, cuando el progreso tecnológico hace posible recibir las noticias en el mismo momento en que se producen, hay también una tendencia en los medios de comunicación al tratamiento de temas con un desarrollo de larga duración. El objetivo básico de interesar a un público cada vez más amplio contrasta con la búsqueda de audiencias cada vez más específicas, incluso en medios tan masivos como la radio o la televisión, hasta el punto de que se pone en cuestión el propio concepto de *sociedad de masas.* La información noticiosa comparte espacio con una oferta generalizada de información de servicios[1] y las señas de identidad de los distintos medios de comunicación ven desdibujarse sus perfiles al invadir lo que hasta ahora eran campos ajenos: los diarios parecen *magazines*, los semanarios de información general se asemejan a las revistas del corazón, los informativos radiofónicos suministran información en profundidad y los informativos televisivos siguen las pautas de la prensa diaria.

A pesar de los cambios y las contradicciones, la comunicación periodística se sigue vertebrando en torno a tres ejes básicos: el acontecimiento, la actualidad y el período. Cualquier definición contempla que *periodismo* es la comunicación periódica de un hecho que acaba de ocurrir o descubrirse, o que tiene previsto suceder en un futuro más o menos próximo, a

---

1. Una de las características fundamentales de los medios de comunicación es que actualmente no sólo producen información, sino que se han convertido en generadores y proveedores de servicios. En ese sentido, puede afirmarse que los medios son cada vez más objetos de un consumo no siempre vinculado con la información de actualidad. Los ejemplos son innumerables: además de la información, los distintos medios ofrecen servicios como recetas de cocina, consejos para la salud, concursos, juegos con premios, oferta de vídeos, libros u objetos diversos, etc.

un público masivo o especializado, a través de los medios de comunicación.

1.1. Érase una vez... el acontecimiento

El acontecimiento ha sido material de trabajo para historiadores, sociólogos y periodistas. Aunque las perspectivas son complementarias, implican análisis diferentes, y no tenerlo en cuenta puede inducir a posteriores confusiones. Como afirma Paul Aubert, el acontecimiento histórico es casi siempre fruto de la acción individual o colectiva de las personas (aunque el clima, los terremotos y las epidemias también forman parte de la historia); es, pues, de índole social antes de cobrar eventualmente una dimensión histórica. Sin embargo, el acontecimiento no tiene el mismo sentido para el historiador que para el periodista, ya que sus puntos de vista difieren: el primero busca una serie de hechos cuando el segundo espera encontrar el hecho único. «El acontecimiento o el suceso tiene lugar en un espacio/tiempo definido que le confiere su unidad. Provoca un cambio en un sistema concreto y una nueva organización de este sistema. Dura poco, se lo considera como un accidente. Pero su fuerza radica en su capacidad de modificar la estructura de su entorno. Al contrario, el proceso se nos aparece como una secuencia temporalmente ordenada de acaecimientos (batalla, huelga, revolución, crisis económica o política)» (Aubert, 1986, pág. 51).

Hay historiadores, como Paul Veyne, para quienes la historia no es más que una narración de acontecimientos, aunque considera que un acontecimiento no es un hecho, sino un cruce de itinerarios posibles. La historia no establece jamás el mapa de los acontecimientos; a lo máximo, multiplica los itinerarios que los atraviesan. Por ello un acontecimiento no tiene sentido más que en una serie, ya que los acontecimientos no son cosas, objetos consistentes, sustancias; son un corte en la realidad que nosotros manipulamos libremente (Veyne, 1978). En ese sentido, la concepción de Veyne tiene muchos puntos de contacto con lo que hoy en día se entiende como periodismo.

1.1.1. *Los medios construyen la historia*

La aparición de los medios de comunicación de masas ha modificado sustancialmente el concepto de acontecimiento histórico. La primera modificación, como explica Pierre Nora, es que antes era el historiador quien evaluaba qué era y qué no era acontecimiento, y ahora son los medios quienes lo hacen. «A los *mass media* empezaba a corresponder el monopolio de la historia. A partir de ahora les pertenece. En nuestras sociedades contemporáneas, es mediante esos medios que nos sorprende el acontecimiento, y no puede evitarnos [...]. Prensa, radio, imágenes no actúan simplemente como medios cuyos acontecimientos serían algo relativamente independiente, sino como la mismísima condición de su existencia» (Nora, 1978, pág. 223).

Hay una evolución paralela entre la noción de acontecimiento y los cambios que sufre la propia sociedad, y a cada sociedad corresponde un tipo de acontecimiento. En el siglo XIX fue un acontecimiento la invención del teléfono, la luz eléctrica o la fotografía, hechos que provocaron innumerables noticias. En las primeras décadas del siglo XX fue la aviación. Hace cincuenta años el ser humano no había pisado el espacio. Sin embargo, actualmente, dada su proliferación, los satélites tripulados han pasado a ser noticias de segundo orden.

Tudescq habla de esta sociedad como una «sociedad acontecedora», en la que los avances tecnológicos han permitido multiplicar el número de acontecimientos hasta niveles espectaculares. Por una parte, la rapidez de la información hace que la opinión de la información actúe sobre el propio acontecimiento: las noticias suscitan reacciones que a su vez se convierten en acontecimientos noticiables. El conocimiento de un atentado terrorista provoca manifestaciones de rechazo que aparecerán en los medios. Por otra parte, la rapidez de la información también tiene un efecto espacial, ya que se amplía en un nivel mundial. El acontecimiento puede hacer referencia a cualquier parte del planeta. Y, por último, se da asimismo una diversificación de tipos de acontecimiento que produce, a su vez, una diversidad de temas: hay acontecimientos deportivos, económicos, de sucesos, técnicos... (Tudescq, 1973).

El acontecimiento se ha definido tradicionalmente a partir de dos características: a) es todo lo que sucede en el tiempo; y b) es todo lo improbable, singular, accidental (Morin, 1972). Aludiendo a estas definiciones, Miguel Rodrigo considera que el acontecimiento periodístico es toda variación comunicada del sistema por la cual los sujetos del mismo se pueden sentir implicados. A partir de esta definición establece como elementos esenciales del acontecimiento periodístico:

a) la variación en el sistema;
b) la comunicabilidad del hecho;
c) la implicación de los sujetos.

La *variación en el sistema* supone, en sentido amplio, la ruptura de la norma. Las normas del sistema son fundamentales para definir un hecho como acontecimiento. Como afirma Rodrigo, en una tribu de la selva amazónica puede ser un acontecimiento importante la aparición de un avión, mientras que en una ciudad occidental puede serlo la aparición de un caimán (Rodrigo, 1989, pág. 98). Cada sociedad, cada comunidad tiene distintos conceptos del acontecer, y por lo tanto el contenido de los medios reflejará el concepto dominante de noticia en dicha sociedad. La variación puede ser previsible (se sabe con antelación cuándo van a celebrarse unas elecciones) o imprevisible (el accidente de una central nuclear), pero será tanto más periodística cuanto más espectacular, es decir, cuanto mayor sea la ruptura.

La *comunicabilidad del hecho* implica que los medios de comunicación son los que crean los acontecimientos periodísticos a partir de dar publicidad a un hecho preexistente o previsto que convierten en noticia. Y, por último, la *implicación de los sujetos* significa que el público participa en la construcción del mensaje periodístico a través de una mayor o menor adhesión a sus propuestas y, por lo tanto, de la constatación de la mayor o menor eficacia de sus efectos. Hay hechos que interesan más y que despiertan más reacciones porque la gente se siente más implicada en ellos que en otros. Para Rodrigo, los grados de mayor a menor implicación podrían ser los siguientes.

a) *Implicación directa y personal.* Son aquellas noticias que afectan directamente a la vida cotidiana del individuo. Por ejemplo, la subida de los impuestos.

b) *Implicación directa y no personal.* Afecta diariamente de forma emotiva e ideológica, pero no tiene una incidencia relevante en la vida cotidiana de la persona. Por ejemplo, la victoria del equipo de fútbol del que se es simpatizante.

c) *Implicación indirecta.* No afecta directamente al individuo, que percibe la noticia como algo que sucede en otro tiempo o lugar y a otras personas. Por ejemplo, la victoria de otro equipo de fútbol.

d) *No implicación.* El individuo se siente indiferente a la
   información recibida. Por ejemplo, la baja de la cotización de la empresa Siemens en la Bolsa de Fráncfort
   (Rodrigo, 1989, pág. 103).

Cuanto más implicado se sienta el público en las noticias,
mayor será su capacidad de respuesta y de adhesión al medio.

1.2. La actualidad periodística

El tiempo es un elemento básico para distinguir la noticia de
otras informaciones. El acontecimiento periodístico tiene como
base de su existencia la actualidad: cuanto más inmediata mejor. La actualidad es el factor que convierte un hecho en digno
de ser noticia, hasta el punto de que la actividad periodística se
reconoce porque selecciona y difunde los llamados hechos de
actualidad. Para que una información sea noticia requiere la
conjunción de tres factores: a) que sea reciente; b) que sea inmediata; y c) que circule. Es decir, que acabe de producirse
(o que se acabe de descubrir), que se dé a conocer en el mínimo
período de tiempo posible, y que ese conocimiento circule entre un público amplio y masivo.

Lo reciente se aplica tanto al acontecimiento reciente como
al descubrimiento reciente. Los acontecimientos que pertenecen a la historia se convierten en noticias si se conocen ahora
por primera vez. Hechos sucedidos en la Prehistoria son noticia millones de años después porque hasta el momento no habían sido ni descubiertos ni descifrados.

Lo inmediato es correlativo a lo reciente. Las noticias de-
vienen más inmediatas según el intervalo transcurrido entre el
momento en que ocurre el hecho y aquél en el que se explica.
Lo inmediato une los acontecimientos a los medios de comu-

nicación que los comunican: la radio y la televisión tienen más inmediatez porque son capaces de ofrecer en directo el desarrollo de un acontecimiento (un partido de fútbol, una sesión del Parlamento) en el preciso momento en que ocurre, algo que la prensa nunca podrá hacer. Lo reciente convierte la información en noticia.

Denominamos, pues, *actualidad periodística* a una serie de hechos recientes o inmediatos que se difunden a través de los medios de comunicación. Se considera que dichos medios son el reflejo de una realidad que acontece. La actualidad es el eje vertebrador que presta coherencia y razón de ser a una serie de hechos diversos que suceden en distintas partes del mundo a protagonistas diferentes. Esa actualidad no coincide con todos los hechos que suceden, ni siquiera es la misma en cada uno de los medios (no tiene el mismo concepto de actualidad una revista semanal que un telediario). Citando a Héctor Borrat, podemos afirmar que «la actualidad periodística no coincide con la realidad a secas, ni se limita a reflejarla o reproducirla, ni existe autónoma o anteriormente a su publicación. Es el producto final de un proceso que la construye para que tenga vigencia durante el período que empieza con su publicación y termina con la del número siguiente. En ese sentido, hay tantas actualidades periodísticas como publicaciones compiten en el mercado. Cada publicación produce su actualidad periodística» (Borrat, 1981, pág. 94). Lo que se afirma de la prensa puede generalizarse: hay tantas actualidades periodísticas como medios existen en el mercado.

La aparición y el desarrollo de Internet ha modificado sustancialmente el periodismo. Los medios digitales han hecho posible dotar de una nueva dimensión el concepto de *actualidad periodística* y han elevado su potencialidad informativa a límites insospechados. Cuando hablamos de los contenidos de dichos medios, estamos hablando de un temario móvil, es decir, en cambio constante. Hoy pueden seguirse en la pantalla del ordenador, del teléfono móvil, el iPod, el iPad, etc., en paralelo y en directo, un partido de fútbol de la liga nacional, otro de un torneo internacional de tenis, al tiempo que se accede a la información política o económica, la cotización de las bolsas internacionales, las imágenes en vivo de catástrofes ocurridas en el otro extremo del planeta y los comentarios de los lectores a cada uno de estos acontecimientos. Los cambios introducidos por las nuevas tecnologías de la información suponen la aparición de tres conceptos que han llegado al periodismo para instalarse: la globalización de las informaciones, la convergencia de medios y la definitiva participación de los receptores/usuarios en la producción de las noticias. La *globalización* amplía el universo informativo más allá de cualquier frontera. El rescate de treinta y tres mineros chilenos que permanecen durante sesenta y nueve días en el fondo de una mina a setecientos metros de profundidad se convierte en un acontecimiento noticioso, transmitido en directo, que conmueve a más de mil millones de personas del mundo entero. El concepto de *convergencia de medios* significa que en Internet una misma noticia puede leerse, verse y escucharse en un solo sitio, lo que potencia su impacto, pero al mismo tiempo modifica las características tradicionales que diferenciaban a la prensa, la radio y la televisión.

> La *multimedialidad* supone dotar al medio digital de una enorme cantidad de recursos para poder explicar las noticias. Por ejemplo, la información sobre la catástrofe producida por un terremoto puede ofrecerse mediante textos que expliquen lo sucedido, fotografías, vídeos tomados por los periodistas o simples testigos, sonido, animaciones que expliquen sus causas, gráficos, etc. Es lo que se ha denominado *periodismo de convergencia* (Fontcuberta y Borrat, 2006, pág. 133).

Por último, la participación del usuario/receptor en la producción de las noticias pone de relieve que actualmente hay otra forma de consumir los medios de comunicación: el público los utiliza para informarse, pero también para informar de hechos que los medios no han dado a conocer o para aportar nuevos datos a los ya informados; para opinar, criticar y organizar campañas que crean estados de opinión que presionan a los poderes públicos. En el denominado *periodismo ciudadano*, también llamado en sus orígenes *periodismo participativo*, los lectores proporcionan noticias a los medios establecidos, pero también crean sus propios medios. Nace el periodista/ciudadano, que complementa al periodista/profesional —y en algunos casos compite con él—. En el 2003, el *New Directions for News* definió el periodismo participativo como «el acto de un ciudadano, o grupo de ciudadanos, desempeñando un rol activo en los procesos de recopilación, cobertura, análisis y difusión de noticias e información. El objetivo de esa participación es proporcionar la información fidedigna, precisa, completa y relevante que requiere una democracia». Uno de los ejemplos emblemáticos fue el de *OhMyNews.com*, un sitio coreano de noticias, que desde el año 2000 fue considerado como uno de los medios con mayor repercusión social. *OhMyNews* llegó a tener una redacción con un 80 % de periodistas no profesionales (unos veintiséis mil registrados). Sin embargo, en 2010 cerró sus puertas. En un comunicado anunció que habían sido «víctimas de su propio éxito» y daban tres razones para ello: se habían visto desbordados por la cantidad de información ciudadana recibida, a lo que se sumaban las dificultades de contrastar debidamente cada uno de estos informes; les faltó un enfoque específico, ya que con reporteros ciudadanos de todos los rincones del mundo escribiendo sobre cualquier tema imaginable se hizo cada vez más difícil cubrir historias de forma coherente; y, por último, con historias procedentes de lugares como Afganistán o Zimbabue era imposible que sus editores comprobaran con exactitud cada historia, cuando ese aspecto era uno de sus principios básicos.

1.2.1. *De la actualidad periodística a la actualidad en tiempo real*

Hasta finales del siglo xx la actualidad era un concepto variable, determinado fundamentalmente por el período; en el siglo xxi esta afirmación ha registrado cambios significativos. El período se encuentra en la raíz del periodismo y da nombre a su primera manifestación histórica, el periódico, que es una publicación que aparece con una determinada frecuencia: diaria, semanal, mensual, etc. El período determina el ritmo de trabajo de todos los medios de comunicación. Impone urgencias y marca plazos improrrogables. El periodista siempre trabaja condicionado por el tiempo: la actualidad de los mensajes tiene que interesar al público desde que se comunica hasta que se sustituye por una nueva comunicación. En palabras de Lorenzo Gomis, «al unificar un período el medio define el presente» (Gomis, 1991, pág. 39).

El intervalo de tiempo entre una comunicación y otra depende de cada medio y es una convención. Una convención que divide el tiempo en parcelas idénticas (días en el caso de los diarios impresos; semanas, quincenas o meses en el caso de las revistas; horas o minutos en el caso de la radio, la televisión o medios digitales) que sirven de marco para la difusión de una serie de hechos y valores seleccionados entre todos los que han sucedido en los sucesivos intervalos. La periodicidad del medio, pues, crea su propio tiempo e impone al público un determinado ritmo de suministro de información que equivale a una actualidad programada.

El público se acostumbra a tener el mismo concepto de actualidad que le imponen los medios. Nadie sale corriendo al quiosco a comprar un diario para conocer los resultados del partido de fútbol que se está celebrando en esos momentos: conecta la radio o la televisión, o accede a Internet. Lo que no impide que al día siguiente compre el diario deportivo para saber más datos de un hecho que conoce desde el principio hasta el fin. La actualidad del partido se prolonga, no sólo por los comentarios que suscita posteriormente, sino por la información sobre su desarrollo que repiten y amplían los distintos medios.

A pesar de que actualmente podemos hablar de una era en la que la información se ofrece en tiempo real (los diarios electrónicos se actualizan constantemente, hay emisoras de radio y televisión que transmiten noticias las veinticuatro horas del día), siguen existiendo diversas actualidades periodísticas que coexisten, no sólo en distintos medios de comunicación, sino incluso en un mismo medio. En el sitio web de un periódico, por ejemplo, conviven noticias en desarrollo con otras relacionadas que tuvieron lugar días, meses o incluso años antes. Aun el diario impreso, que según la tradición es un producto que nace y muere cada día, tiene una voluntad de permanencia que va más allá de las veinticuatro horas durante las que teóricamente tiene vigencia. Los suplementos y dominicales están vigentes una semana, hasta el punto de que muchas veces los primeros tienen una numeración de página correlativa, independiente de la paginación del ejemplar en que se insertan; por otra parte, hay diarios que ofrecen con periodicidad fija productos atemporales, como libros, folletos o fascículos. En los diarios digitales pueden consultarse noticias ocurridas mucho tiempo atrás, que sirven para contextualizar acontecimientos actuales, con lo que en un mismo medio nos encontramos con que existen distintas actualidades, diversos formatos y, como resultado, diferentes publicaciones.

Además, los hechos no tienen la misma presencia en el tiempo: la noticia de un accidente de tráfico, de la muerte de un personaje público, la celebración de un congreso médico o de unas jornadas dura, a lo sumo, un par de días o tres. Otros acontecimientos tienen una duración mayor, como pueden ser las consecuencias de un terremoto. Algunos, sin embargo, son de largo alcance: las consecuencias de la crisis económica mundial y las medidas adoptadas para hacerle frente han dado lugar a una serie de acontecimientos que se extienden a lo largo de años. De este modo, nos encontramos con que hay actualidades de corta, media y larga duración.

Un hecho será actualidad más tiempo cuantas más expectativas despierte o consecuencias produzca. La celebración de unas olimpíadas, por ejemplo, provoca una enorme cantidad de información que no se limita a los quince días de competiciones atléticas, sino a meses o incluso años antes y después, y abarca no sólo el ámbito deportivo, sino el económico, el social, el político, el cultural, etc.

Por último, hay hechos de actualidad constante: los actos terroristas, el hambre y la sequía en el África negra, por ejemplo, la incidencia del sida en el mundo o las consecuencias del narcotráfico se han convertido en temas cuya presencia en los medios, desgraciadamente, no se debe a una ruptura de la norma, sino al enquistamiento de situaciones dramáticas en las mismas raíces de la sociedad.

A pesar de que la actualidad inmediata sigue siendo una de las razones de ser básicas del periodismo, cada vez aumenta la coexistencia en los medios de hechos que, más que explicar la ruptura o las incidencias de una normalidad, muestran el desarrollo de la cotidianeidad. En ese sentido, los medios se dedican a analizar procesos y tendencias sociales cuya actualidad se amplía a períodos largos que ocupan meses, años o décadas. La aparición de nuevas formas de relaciones familiares, el problema suscitado por la mayor expectativa de vida de la población y el descenso de la natalidad, los cambios en las costumbres y mentalidades son temas que aparecen con más frecuencia en los medios para responder a la exigencia del público de entender mejor el significado del mundo que los rodea. En palabras de Ignacio Ramonet, director de *Le Monde Diplomatique*, «narran la vida en directo».

1.3. El no acontecimiento periodístico

Hasta ahora han quedado claras dos afirmaciones: que la noticia periodística se basa en un acontecimiento, y que ese acontecimiento tiene una determinada actualidad. Sin embargo, hay una tendencia en los medios de comunicación a romper, en cierto modo, las reglas clásicas del funcionamiento periodístico. Acabamos de ver que cada vez hay más noticias que hablan de la cotidianeidad, de la rutina. Todo puede ser noticia. Hechos que hace algún tiempo no se habrían considerado noticiables, ahora ocupan las páginas de los diarios y los espacios informativos de la radio y la televisión.

Hay un factor, sin embargo, que hay que tener en cuenta al analizar los medios: una parte de las noticias que aparecen en los medios de comunicación no están basadas en los acontecimientos, sino en los no acontecimientos. Denomino *no acontecimiento* periodístico a la construcción, producción y difusión de noticias a partir de hechos no sucedidos o que suponen explícitamente una no información en el sentido periodístico. Considero que la producción de noticias basadas en el no acontecimiento es una clara tendencia en el periodismo actual, que significa en parte minar las bases sobre las que se ha edificado tradicionalmente el discurso periodístico: la realidad, la veracidad y la actualidad.

El no acontecimiento periodístico rompe con la idea de la actualidad (si un hecho no se ha producido ni está previsto que se produzca, no hay actualidad posible) y desvirtúa la propia esencia del periodismo: en lugar de informar de hechos sucedidos o previstos, informa de hechos ni previstos ni acontecidos.

1.3.1. *Tipología de lo que nunca ocurrió*

Las noticias basadas en un no acontecimiento son las que basan su información en hechos no acaecidos. Hay que advertir de antemano que, al establecer una tipología del no acontecimiento periodístico, no hago más que intentar una primera descripción de un fenómeno que se encuentra en los medios, tanto en la prensa escrita como en los medios audiovisuales.

En periodismo hay un tipo de noticias que son tales aunque todavía no se hayan producido. Podemos citar, por ejemplo, las informaciones sobre los futuros campeonatos mundiales de fútbol, o las próximas elecciones generales. Son hechos previstos o previsibles. No me refiero a este tipo de noticias cuando hablo del no acontecimiento, ni tampoco a las que se difunden con un enunciado negativo, pero que sin embargo implica la presencia de otro positivo. Si un medio afirma: «No llueve desde hace tres meses», la noticia informa de algo que no sucede; sin embargo, podría darse la información en positivo («hay sequía») sin variar un ápice su significado.

El no acontecimiento periodístico implica convertir en noticia un hecho que no se ha producido, ni está previsto que deba producirse. El diario *El Mundo* del 20 de febrero de 1993 tituló así una noticia: «El Consejo de Ministros no aprueba ninguna medida económica». El lid, o primer párrafo de la noticia, era el siguiente:

Madrid.—El Consejo de Ministros no aprobó ayer ninguna medida económica. El Gobierno trató, sin embargo, de la situación económica y de sus repercusiones en el mundo laboral, y acordó seguir el debate la próxima semana.

En ningún momento, a lo largo del cuerpo, se dio más información del dato contenido en el titular y en el comienzo del lid. El diario utilizaba una noticia basada en un no acontecimiento para manifestar, de forma implícita, una actitud crítica ante el Gobierno. Para ello empleaba un texto informativo, cuando, en realidad, se trataba de una argumentación que hubiera tenido mejor acomodo en las páginas de opinión.

El no acontecimiento es, pues, un recurso utilizado por los medios. Y suele hacerse a partir de la siguiente tipología:

a) *Noticias inventadas.* Son aquellas publicadas en los medios y construidas a partir de elementos, declaraciones, hipótesis, etc., que no existen en la realidad y que no reciben posterior rectificación por parte de los medios.

b) *Noticias erróneas.* Son las construidas con datos que se han dado a conocer como verdaderos y luego resultan ser falsos y reconocidos como tales posteriormente. El error puede provenir de una información insuficiente, de una incorrecta interpretación del periodista de los datos de que dispone, o de una deliberada actitud desinformadora por parte del emisor o las fuentes de la noticia.

c) *Noticias basadas en una especulación.* Son las noticias construidas sobre hipótesis no comprobadas o rumores no confirmados.

A continuación se exponen las características fundamentales de cada tipo de noticia.

1.3.1.1. La noticia inventada

A primera vista, este tipo de no acontecimiento tendría más que ver con la ausencia de una categoría ética (la veracidad) que con la presencia de una tipología periodística. La noticia inventada es una mentira. Un caso típico lo constituyen las denominadas *serpientes de verano*: en épocas de penuria informativa los medios ponen en circulación noticias más o menos fantásticas, como la inevitable aparición del monstruo del lago Ness o las misteriosas huellas de objetos extraterrestres.

Sin embargo, la particularidad de la noticia basada en el no acontecimiento inventado es que contiene en su redacción elementos suficientes como para que a través de su lectura pueda descubrirse que no existe ningún hecho detrás de la noticia, o por lo menos que no se han producido los hechos que se narran. Es decir, la propia redacción ofrece al receptor indicios claros de su falta de veracidad o de realidad.

El domingo 6 de marzo de 1988 un comando de la Policía británica dio muerte a tiros en Gibraltar a tres personas que fueron identificadas posteriormente como miembros del Ejército Republicano Irlandés (IRA). La primera versión de la noticia en *El País* del 7 de marzo[2] informaba de que «tres presuntos terroristas del Ejército Republicano Irlandés (IRA) fueron muertos a tiros a las 15.30 de ayer en Gibraltar por efectivos de la Policía y del Ejército británico, que posteriormente desactivaron un coche bomba estacionado a unos seiscientos metros del palacio del gobernador, sir Peter Terry. El vehículo contenía unos doscientos kilos de explosivos». En el interior (pág. 13) se daban más detalles sobre la bomba: estaba en el interior de un coche Renault que, según algunos testigos,

2. Edición de Barcelona.

tenía matrícula española. «En la zona donde estaba el coche tiene lugar todos los martes un vistoso desfile militar. La supuesta intención de los terroristas era una matanza de los soldados británicos.» Más adelante se informaba de que «la bomba fue desactivada en un lugar apartado de la Policía, a donde se trasladó el vehículo». Al día siguiente, el periódico informó de que el coche no tenía explosivos, en contra de lo que se aseguraba en las primeras informaciones sobre el suceso.

El martes 8 de marzo, *El País* afirmó que, según la Policía, se había encontrado una amplia documentación, con varios nombres, en un Ford rojo en La Línea de la Concepción. El jueves 10 de marzo de 1988 publicó en la página 16, en la sección de España, una noticia al respecto en la que, citando fuentes policiales españolas, daba esta versión de los hechos:

Los tres terroristas del IRA abatidos en Gibraltar *pensaban* intercambiar los tres automóviles con que contaban para mantener cada uno un día en el Peñón aparcado cerca del lugar donde cada martes se produce el relevo de la guardia del gobernador. El pasado martes *estaba previsto* colocar el coche que llevaba sesenta y cuatro kilos de explosivos Semtex (equivalentes a cuatrocientos kilos de Goma 2). Según dichas fuentes, el objeto de estas combinaciones radicaba en evitar las sospechas que crearía tener el mismo automóvil aparcado más de un día en aquel lugar. [...]

La *Policía estima* que los tres activistas del IRA —Sean Savage, Donald McCann y Mairald Farrell— aparcaron un Renault 5 el mismo domingo, reservando la plaza en el lugar donde el martes *pretendían* dejar el coche bomba. Según la *hipótesis policial* el lunes *lo hubieran cambiado* por un Ford Fiesta rojo para «no levantar sospechas en un lugar tan significado y tan cerca de la residencia del gobernador». Este vehículo apareció el domingo en La Línea de la Concepción.

El martes, media hora antes de la explosión, *hubieran cambiado* el Ford rojo por otro turismo de la misma marca de color blanco, donde estaban los explosivos, añadieron las fuentes informantes. El Ford blanco apareció ayer en un aparcamiento de Marbella con los sesenta y cuatro kilos de Semtex, así como treinta y seis kilos de munición para ser empleada como metralla.[3]

Como puede verse, el diario publicó una versión basada en hipótesis de «fuentes policiales» (sin especificar ni los nombres ni la categoría de dichas fuentes, aunque llega a reproducir citas textuales) que se dedican a enumerar una serie de hechos no sucedidos (no acontecimientos) como explicación/justificación de la muerte violenta de los tres miembros del IRA a manos de la policía. En ningún momento hizo mención de algún documento hallado en que los activistas manifestasen sus propósitos y en el que las fuentes policiales basaran sus hipótesis con la precisión con que lo hacen. Y lo que es más significativo: tampoco incorporó al texto de la noticia alguna información de otras fuentes o algún dato que enfrentase los hechos sucedidos y comprobados (la muerte de los activistas) con los hechos no sucedidos y por comprobar (las supuestas intenciones de los miembros del IRA).

La noticia inventada no implica que sea el medio el que inventa, pero puede hacerse transmisor de versiones filtradas y, por lo tanto, interesadas, de un determinado hecho. Uno de los casos más flagrantes y vergonzosos en la historia del periodismo fue la justificación de la invasión de Irak por las tropas estadounidenses por la supuesta existencia de armas de destrucción masiva, hecho que se demostró falso.

---

3. Las cursivas son mías.

1.3.1.2. La noticia errónea

Es evidente que este tipo de noticias aparece de vez en cuando en los medios y se debe a dos causas: a) la ausencia o insuficiencia de información; y b) la información incorrecta. Empleo aquí la expresión *información incorrecta* como sinónimo de *desinformación.* El periodista francés Jean Ferré, en *Le Figaro Magazine* del 20 de noviembre de 1982, define la desinformación como la «técnica que consiste en proporcionar a terceros informaciones generales erróneas llevándolos a cometer actos colectivos o a difundir opiniones erróneas que correspondan a las intenciones del desinformador».[4]

El concepto de *desinformación* es el que más interesa poner de relieve en el campo del no acontecimiento puesto en circulación por la noticia errónea, porque siempre supone una intencionalidad en el emisor. Uno de los ejemplos más famosos en la prensa española fue la noticia de la muerte del dirigente etarra Txomin en Argel, el 27 de febrero de 1987, víctima de un accidente de automóvil. El 12 de marzo de 1988, es decir, más de un año después, los medios de comunicación informaron de que Txomin Iturbe murió dos días antes de la fecha «oficial» y que el accidente fue simulado a través de un montaje organizado por los servicios de seguridad argelinos con la aquiescencia, al parecer, de destacados etarras.

Otro ejemplo posterior fue la información de que los policías que murieron el 1 de noviembre de 1988 durante la detención de José Juan Martínez Gómez *el Rubio*, considerado el número uno del asalto al Banco Central de Barcelona en mayo de 1981, no fallecieron a causa de los disparos de éste, sino por los efectuados por un tercer policía. La versión mantenida

---

4. María Fraguas de Pablo ha profundizado en la desinformación en su libro *Teoría de la desinformación*, Madrid, Alhambra, 1985.

unánimemente por los medios de comunicación hasta el 8 de junio de 1989 era que el Rubio había matado a quemarropa a los agentes.

1.3.1.3. La noticia basada en una especulación

Los medios de comunicación dan a conocer, cada vez con mayor frecuencia, informaciones basadas en la mera especulación. Este tipo de no acontecimiento es el que más se repite y suele ocupar espacios importantes en secciones punta como Nacional, Internacional o Economía. En muchas ocasiones, la especulación no se plantea sobre temas previsibles (apuestas sobre un desenlace deportivo, previsiones electorales, etc.), que es algo perfectamente asumible en periodismo, sino que introduce como noticia temas nuevos, sin ningún tipo de antecedentes ni hechos objetivos sobre los que basarse. En estos casos el medio amplía su temario a partir de hechos no sucedidos y confiere categoría de noticia a hipótesis sin confirmar o a filtraciones.

En la sección de Economía de *El País* del martes 15 de marzo de 1988, en su página 45 (el periodismo económico es pródigo en este tipo de noticias) se publicó a cuatro columnas el siguiente titular: «El banco Natwest March volverá a tener una mayoría estable de capital nacional». La noticia empezaba con este lid:

> El banco NatWest-March, participado hasta ahora a partes iguales por la Banca March y el National Westminster Bank, volverá a tener mayoría de capital nacional *si las autoridades económicas aprueban la propuesta de compra realizada de la mayoría del capital del Banco de Asturias*, aportado por el grupo March, Alfredo Lafita y Enrique Piad, y una ampliación de capital realizada

por el banco inglés por valor de seis mil millones de pesetas, *según distintas fuentes del sector.* La noticia, que se concretará a lo largo de esta semana, *no ha podido ser confirmada en medios del NatWestMarch.*

Más adelante, la información prosigue:

La «nacionalización» del NatWest-March será estable, ya que según *fuentes solventes no contrastadas* con el máximo ejecutivo del banco, Alfredo Lafita, *que no pudo ser localizado ayer,* «existe el compromiso de no vender la mayoría del capital hasta bastante después del 1992», año en el que la libertad de establecimiento para las instituciones financieras europeas será prácticamente absoluta.

[...] La operación, *que formalmente no ha sido autorizada todavía por el Ministerio de Economía,* que es quien debe dar la luz verde al proyecto, ya que se trata de que un banco adquiera la mayoría del capital de otra entidad financiera, sí *parece contar* con el informe favorable preceptivo del Banco de España, cuyo consejo ejecutivo *lo habría estudiado* la semana pasada. El informe, no vinculante pero preceptivo, del Consejo Superior Bancario, *no ha sido emitido todavía,* pero *podría serlo* en la reunión que este organismo celebrará la próxima semana.[5]

El diario dedicó cuatro columnas a una noticia en la que no aparece identificada ninguna fuente y en la que lo único que se sabe es que no se sabe nada concreto, aunque se intuya que pueda pasar algo. Sin embargo, tituló con una afirmación rotunda que el banco volvería a tener capital nacional.

Una de las características más comunes en las noticias basadas en el no acontecimiento es que suelen nutrirse de informaciones filtradas. La información filtrada es la que llega a un

---

5. Las cursivas de ambos textos citados son mías.

medio a cambio de que éste mantenga el secreto de quien la suministra. Es una táctica empleada por personas que ocupan lugares clave en empresas, partidos, organizaciones de todo tipo e instituciones, que deciden explicar lo que saben sin dar su nombre.

La información infiltrada ofrece pistas y es una buena base para que el medio pueda investigar los datos ofrecidos, buscar más información, comprobarla y elaborarla. Borrat explica que la publicación de informaciones filtradas es para el periódico (y el resto de los medios) una manera importante de incrementar su influencia, ya que se le considera «bien informado», con buenos contactos. Sin embargo, los periódicos han logrado acostumbrar a las audiencias al consumo indiscriminado y casi cotidiano de informaciones filtradas que no se presentan como tales, sino como simples componentes del flujo informativo normal. «La información filtrada incrementa para el periódico el riesgo de ser manipulado por la fuente. Ese riesgo de ser manipulado puede desembocar en un riesgo aún peor: el de publicar mensajes desinformativos que le han llegado como si fueran información filtrada.» (Borrat, 1989b, pág. 72.)

La tendencia a informar de no acontecimientos puede suponer una práctica peligrosa para los medios, que pone en entredicho la propia razón de ser del periodismo, y mina las señas de identidad de su propia existencia, de sus propias funciones.

1.4. Para qué sirve el periodismo

Puede escribirse una biblioteca con la recopilación de todas las funciones que se han atribuido a los medios. Sin embargo, han sido tres las tradicionales del periodismo: la de informar (reflejar la realidad); la de formar (interpretarla) y la de entretener (ocupar el ocio). En cualquier caso, la fundamental reside en la *mediación* entre las diversas instancias de una sociedad y los distintos públicos. Según Gomis, el periodismo interpreta la realidad social para que la gente pueda entenderla, adaptarse a ella y modificarla. Dicha interpretación tiene dos niveles: una interpretación de primer grado que nos dice qué ha pasado, descriptiva, con lo que obtenemos el producto comúnmente llamado información, y una interpretación de segundo grado, que nos permite situar un hecho dado como noticia en el contexto social y analizar qué significa lo que ha pasado: es evaluativa. La primera opera más o menos directamente con la realidad en crudo: acontecimientos, hechos, palabras. La segunda opera con la realidad, ya interpretada descriptivamente, ya comunicada en forma de noticia (Gomis, 1987).

A las tres funciones clásicas hay que añadir en la actualidad una cuarta: la tematización. Por tematización se entiende el mecanismo de formación de la opinión pública en el seno de la sociedad posindustrial a través del temario de los medios de comunicación. Denominamos *temario* al conjunto de contenidos informativos y noticiosos existentes en un medio. Hay un temario en cada ejemplar de diario y revista, en cada informativo radiofónico y en cada telediario. La suma y análisis de los sucesivos temarios acaba definiendo la personalidad de cada medio.

Los medios de comunicación se han convertido en los principales impulsores de la circulación de conocimientos. El ciudadano de la civilización actual convive con ellos y los tiene como punto fundamental de referencia. La gente habla de lo que hablan la televisión, la radio y la prensa, e ignora los acontecimientos, sucedidos más allá de un entorno próximo, que no han merecido la calificación de noticiables. Se ha llegado a decir que todo lo que no aparece en los medios no existe o no es importante. La tematización, pues, es el proceso por el cual los medios seleccionan un tema y lo ponen en conocimiento de la opinión pública.

A través de la tematización, la opinión pública reduce la complejidad social y hace posible la comunicación. Podemos hablar con nuestros semejantes porque tenemos temas comunes de conversación, y gran parte de esos temas son suministrados por los medios. Todo ello supone ventajas y desventajas.

La información es una condición básica para una sociedad libre. Por una parte, una persona desinformada es incapaz de tomar las decisiones adecuadas en los diferentes ámbitos de la vida, pero la información ha de ser cualitativa y no cuantitativa. El aluvión de noticias de todo tipo, sin ninguna clase de filtro, supone una desinformación porque no puede digerirse. El exceso de información acaba por crear en el público un efecto narcotizador, un desinterés, que acaba por incapacitar cualquier operación de análisis o aproximación a la realidad. La atención del público sólo puede fijarse en un número limitado de temas y sólo acerca de estos temas manifestará sus opiniones y, en consecuencia, dará lugar a la denominada opinión pública.

Por otra parte, la circulación masiva de conocimientos a través de los medios acerca el universo, pero lo hace a través de una cierta falacia: el mundo parece más próximo, pero el público sólo participa en su consumo comunicativo; no conoce «todo» el mundo real sino el que los medios han decidido transmitir.

Además de las funciones sociales de informar, formar, entretener y tematizar, los medios persiguen una función comercial: la de ganar dinero. La progresiva priorización de los aspectos comerciales implica, también, un paulatino abandono de las funciones sociales de informar y formar. En demasiadas ocasiones lo que importa no es que el público esté informado, sino que consuma medios del mismo modo que consume coches, bebidas o electrodomésticos. Desde esta premisa se potencia la función de entretener a cualquier precio, lo que en muchos casos implica una pérdida de la responsabilidad social atribuida al periodismo.

Para obtener ganancias, los medios (y en particular, la televisión) entablan una frenética lucha para captar audiencias que en más de una ocasión les lleva a cruzar la frontera del sensacionalismo, cuando no del amarillismo; del programa de mal gusto o de peor calidad. La regla es fácil de entender: cuanto más público tengan, más publicidad atraen. Sin llegar a esos extremos, otros medios no basan su objetivo en la oferta de una mejor información, sino en incrementar la audiencia mediante tácticas que van desde una mejor presentación e impresión, y la contratación de personajes de la farándula a precios astronómicos como reclamo para la celebración de concursos o entrevistas, hasta ofrecer promociones especiales con sustanciosos premios (viajes, apartamentos...). Ello tiene algunas consecuencias positivas, por ejemplo, la mejora en la calidad del diseño, la adopción de recursos nuevos que favorecen la comprensión de contenidos o, también, por supuesto, el incremento de la audiencia. Sin embargo, todas estas tácticas encubren un problema mucho más serio al que tarde o temprano tendrán que hacer frente los medios: la progresiva crisis de contenido que establece un divorcio entre lo que la gente necesita o quiere saber y la información que los medios de comunicación ofrecen.

En efecto, las necesidades informativas son el conjunto de informaciones que precisa un ciudadano para desenvolverse con autonomía de juicio y libertad de acción en la sociedad en que vive; el interés es el impulso que mueve al receptor a consumir un determinado contenido de los medios. Hay que establecer una diferencia entre los conceptos *interés informativo* (lo que interesa al usuario) y *necesidades informativas* (lo que debería conocer el usuario para estar bien informado) porque, aunque pueden ir unidos, no siempre son coincidentes. Es más, cada vez existen mayores divergencias entre ellos y ése es uno de los problemas a los que se debe hacer frente actualmente.

> En la pugna entre necesidades e intereses informativos, la calidad ha sido la gran perdedora. Y la razón estriba en que se ha establecido una ecuación que identifica interés del público únicamente con entretención, y entretención con vulgaridad, consumo fácil y mal gusto. Si bien ha sido la televisión la que más ha sufrido este impacto, los otros medios no han quedado al margen, ni mucho menos. En múltiples ocasiones la radio ha privilegiado el rumor sobre la noticia, la pregunta efectista a la búsqueda de la respuesta con sentido. Con la excusa de que «el mejor diario del mundo no tiene razón de ser si no se vende», la denominada prensa de elite ha hecho concesiones que han rebajado sus contenidos a niveles inaceptables. (Fontcuberta, 1999, pág. 62.)

1.4.1. *Nuevas dimensiones de los medios*

En el siglo XXI la creciente importancia de los medios en la sociedad hace necesario redefinir sus funciones. Hay cuatro aspectos importantes que analizar. El primero de ellos es el hecho de que los medios poseen una *dimensión socializadora*: no sólo ofrecen información, sino pautas y modelos de comportamiento a receptores de todo tipo, edad y condición. El segundo es que se han constituido progresivamente en un *espacio de ejercicio de la ciudadanía*: los medios son también un espacio privilegiado para establecer pautas de participación ciudadana; como hemos visto, a través de la interactividad que propicia la tecnología, los receptores aplauden, rechazan, critican o rectifican los contenidos de los medios o, incluso, los construyen. La tercera dimensión es la que contempla a los medios como contenedores de un tipo de saber que los convierte en *agentes educativos* que se suman a los tradicionales, que son la escuela o la familia.

> Tanto en el proceso de adquisición y transmisión de información, como de saberes, los medios juegan un papel fundamental, hasta el punto de que son referentes esenciales en el ámbito educativo a la hora de obtener una determinada conceptualización del mundo. Se han convertido en vehículos básicos y en los principales impulsores de circulación del conocimiento, y, por ello, juegan un rol imprescindible en la educación no formal a la hora de seguir nuestras pautas culturales. La gente habla y opina de los temas que se tratan en la radio, en la televisión, en la prensa o en Internet, e ignora los acontecimientos sucedidos incluso en un entorno próximo que no tienen cobertura noticiosa o de entretenimiento. (Fontcuberta y Borrat, 2006, pág. 21.)

Por último, la cuarta dimensión implica que los medios de comunicación e Internet juegan un rol importante y a veces protagonista, en la *gestión del ocio* de las personas y por lo tanto de su tiempo libre. Hay miles de estadísticas y estudios de audiencia que demuestran que los usuarios los utilizan para divertirse a veces de forma exclusiva. El concepto de entretenimiento ha impregnado hasta tal punto los contenidos mediáticos que ha dado lugar al denominado *infoentretenimiento*, es decir, a la mezcla de información y diversión. Ello supone dos actitudes de los medios: incluir en sus contenidos noticias triviales (vidas privadas de famosos, farándula, anécdotas curiosas...) o *espectacularizar* las informaciones serias mediante dosis de sensacionalismo. Una investigación realizada en los años 2003 y 2004 sobre los contenidos de una muestra de veintiocho informativos de las televisiones públicas y privadas líderes de audiencia en trece países de la Unión Europea demostró que el infoentretenimiento ocupaba nada menos que el cuarto lugar.

> La desvirtualización de la información y la mezcla de géneros favorecen que los estilos actuales desdibujen las fronteras entre el periodismo y el sensacionalismo. En este sentido, los informativos incrementan su agenda de deportes, de espectáculos y de asuntos triviales. Y la violencia logra un lugar destacado en estos espacios, del mismo modo que parecen tenerlo también aquellas imágenes y sonidos capaces de captar la atención del espectador y mantenerle interesado, aunque sea tan sólo durante unos pocos segundos. Esto a menudo conlleva que la explicación con cierta profundidad o sobre asuntos más áridos sea cada vez más escasa. (García Avilés, 2007, pág. 60.)

CAPÍTULO 2

LOS MEDIOS INCLUYEN, EXCLUYEN Y JERARQUIZAN LA INFORMACIÓN

El enorme volumen de noticias obliga al periodismo a tres opciones permanentes: incluir, excluir y jerarquizar la información. A través de ellas confecciona sus contenidos que responden tanto a los intereses del público como a los de cada medio y a los de diversos sectores de la sociedad.

El contenido global de un medio de comunicación está constituido por dos grandes bloques: el espacio redaccional, que incluye todo tipo de mensajes informativos y formativos, ligados a una actualidad inmediata o general, tanto escritos, gráficos como audiovisuales; y el espacio publicitario, que incluye los anuncios. La diferencia fundamental entre cada bloque es que el primero es decidido por el medio y el segundo por los anunciantes. Cuando nos referimos al temario de un medio hablamos del contenido de la superficie redaccional. Y ese contenido se decide mediante tres operaciones básicas: a) inclusión de información; b) exclusión de información, y c) jerarquización de la información.

El contenido de cada medio está compuesto por noticias que comparte con los otros y por noticias propias. La construcción de un temario muestra la valoración que cada medio efectúa de todos los aconteceres de la realidad y la intención de transmitir al público ese orden de importancia para que lo haga suyo. No se trata de que el público piense igual que el medio, sino de que hable, comente, tenga opinión y dé importancia a los mismos temas y con la misma intensidad que el medio.

El temario se construye cada día en el caso de la prensa

diaria, con distintas frecuencias en el caso de las revistas o los medios audiovisuales y de forma constante en los medios digitales. Ningún medio puede incluir toda la información que recibe a lo largo de todo un día, ni siquiera durante una hora. No existe ni espacio en los medios impresos o ni tiempo en los audiovisuales capaz de abarcarla. Por lo tanto, hay que seleccionar, y esa selección se hace mediante la combinación de distintos factores que son de diversa índole, pero que responden a tres tipos de razones: a) la demanda de información del público; b) el interés de un medio en dar a conocer a su público determinados hechos; y c) el propósito de distintos sectores de la sociedad de informar al público, a través de los medios, de determinados hechos que sirven a sus intereses. Dichas razones implican tres tipos de presión sobre la información, y el resultado de la negociación entre los tres, no siempre exenta de conflictos, decide el contenido final del medio.

2.1. Por qué los medios cuentan lo que cuentan

Una de las controversias más amplias y extendidas en los medios de comunicación es la referida al interés del público. Las diferentes posturas plantean el hecho de si el contenido de los medios es el resultado de la demanda del público o si el público demanda lo que los medios ofrecen. Los índices de audiencia y las tiradas se han convertido en auténticos impulsores de la creación, permanencia o desaparición de determinados contenidos.

Hace más de cuarenta años, un investigador en comunicación afirmó que los periodistas debían dedicarse a ofrecer información y no intentar satisfacer a un público. «Cuanto menos saben sobre el público, más atención pueden dedicarle a la noticia», escribió (Gans, 1966). Sin embargo, hoy en día nadie está de acuerdo con la afirmación. Esta teoría ha llevado a decir que los medios informan de lo que interesa a los perio-distas y no al público, y responde a una realidad todavía vi-gente a pesar de los avances de los denominados estudios de mercado: el desconocimiento que en muchas ocasiones tienen los medios de sus audiencias.

En abril de 1989, en la reunión anual que celebran los edi-tores de periódicos norteamericanos, se llegó a la conclusión de que había que ajustar la oferta y la demanda de noticias: hay que ofrecer a los lectores lo que realmente desean leer, y no lo que los editores piensan que su público potencial necesita saber o por lo que está interesado. Y lo que los lectores desean leer es todo aquello que les afecta directamente y que tiene que ver con sus respectivas vidas cotidianas. Arthur Ochs Sulz-berg, presidente del *New York Times*, afirmó: «No tiene nin-gún sentido publicar un periódico que nadie quiere leer. Es un error no ser sensibles a aquello que piden los lectores».

La necesidad de establecer una comunicación clara entre medio y público es también expresada por Lorenzo Gomis (1987, pág. 86) cuando afirma que un periódico vive mientras encuentra público suficiente, y para vivir se adapta a lo que estima necesidades de su público. Ofrece en sus diversas sec-ciones, como un gran almacén, productos de gran consumo hechos para satisfacer al término medio de sus clientes, pre-sentados de una manera lo más atractiva posible. El problema consiste en atraer al cliente y no decepcionarle. Los periódicos (y este análisis se puede hacer extensivo a todos los medios) no tienen la iniciativa de la elección de su público, aunque procu-ren buscarlo y adaptarse a él. Quien elige es, siempre, el público.

Aunque los medios se dirigen a un segmento amplio y di-verso de personas, cada uno de ellos tiene *su* audiencia. Existe una cierta unidad en el público que contiene dos elementos: en primer lugar, un cierto grado de cultura común, una cierta co-munidad de costumbres, sentimientos, tradiciones, ideas recibidas, etc. En segundo, los impulsos que proceden precisamente del medio, las informaciones, comentarios y sugerencias que le llegan de éste. La unidad de un público depende, pues, básicamente —puesto que los impulsos y estímulos procedentes del medio son los mismos—, de la pertenencia a un grupo social, de la comunidad de tradiciones culturales (Gomis, 1987, pág. 87). Ese público tiende a seleccionar la información de acuerdo con sus intereses, que cada vez son más específicos y especializados: hay medios dirigidos a niños, jóvenes, viejos, deportistas, expertos en diseño, excursionistas o amantes de la ciencia.

Hay un aspecto, sin embargo, en el que conviene hacer hincapié. La transnacionalización de los medios de comunicación de masas supone el desarrollo de la producción de mensajes informativos que tiene dos consecuencias: a) la homogeneización de las fórmulas y contenidos (cada vez el contenido de los medios se parece más en todo el mundo occidental, desde las revistas femeninas hasta el diseño de los periódicos, pasando por las series o programas de televisión), que implica y refuerza, a su vez, la necesidad de un público homogéneo; y b) la prioridad de los aspectos comerciales de la comunicación, que convierten a ese receptor de información en un consumidor de servicios.

Si aceptamos el hecho de que los medios se han convertido en productos de consumo y que el receptor de información ha pasado a ser consumidor, el paradigma tradicional emisor-medio-receptor queda transformado en emisor/productor-medio/mercado-receptor/consumidor. El mercado tiene necesidad de crear consumidores homogéneos para aumentar su expansión: cuanta más audiencia, más ingresos. Sin embargo, ello implica una clara contradicción: la necesidad de incrementar audiencia ofreciendo productos (y, por consiguiente, contenidos) homogéneos significa también homogeneizar a un público masivo. Ello entra en conflicto con la progresiva exigencia que tiene cada lector, oyente o telespectador de que le traten de forma personalizada de acuerdo con sus gustos, y, por lo tanto, con la necesidad que tienen los medios de conocer a fondo a sus receptores y ofrecerles la información específica que cada sector desea. Los medios digitales han hecho todavía más evidente dicha exigencia y han modificado los hábitos de consumo informativo y cultural de los usuarios.

> Con respecto a los hábitos de consumo cultural e informativo el cambio es absolutamente revolucionario. Hasta ahora los destinatarios de los medios de comunicación eran colectivos, conjuntos de ciudadanos. Internet es la revolución porque su unidad de medida es el individuo. Ya no importará tanto si hay mucha gente mirando un canal de televisión u otro, o si una enorme cantidad de personas son fieles a una determinada emisora de radio. Se impone el valor del contenido y el deseo de cada individuo por el contenido que más le interesa («esto es lo que quiero ver y lo quiero ver ahora»). El desafío de los medios (de todos: locales, globales, informativos, generalistas, especializados, de cultura o entretenimiento) es saber integrarse en este juego. (Boza, 2010, pág. 8.)

2.1.1. *El interés del público*

El público, cuando busca y selecciona las noticias, suele moverse en varias direcciones:

a) el interés por lo que ocurre en un lugar específico;
b) el interés por actividades de personas y organizaciones específicas; y
c) el interés por temas especiales.

Los elementos básicos que debe tener un hecho para convertirse en noticia han sido objeto de muchas definiciones. Hace más de cincuenta años, Carl Warren (1959, pág. 25) elaboró un decálogo, que se convirtió en un clásico: a) actualidad —la noticia se basa en hechos recién producidos o conocidos—; b) proximidad —los acontecimientos cercanos suscitan un mayor interés en el receptor—; c) consecuencias —repercusiones futuras del hecho—; d) relevancia personal —importancia social de los protagonistas del acontecimiento—; e) suspense —incertidumbre en el desenlace—; f) rareza —sucesos no habituales—; g) conflicto —todo tipo de desavenencias entre los protagonistas y antagonistas de un hecho—; h) sexo —noticias sobre el espacio privado de personajes públicos—; i) emoción —acontecimientos que tienen su origen en todo tipo de sentimientos—; y j) progreso —los avances científicos y sociales son el origen de muchas informaciones.

Otra de las clasificaciones más clásicas, y que ha dado pie a múltiples variaciones, fue la de Bockelmann, que estableció diez factores de interés: a) la referencia a lo personal, privado e íntimo; b) los síntomas del éxito, de la consecución del prestigio; c) la novedad, la *modernidad*, no relacionadas con cambios del contexto social sino con una cuantificación abstracta del tiempo; d) los síntomas del ejercicio del poder; e) la distinción entre normalidad o anormalidad; f) la violencia, la agresividad y el dolor; g) la competición con connotaciones de estatus y rivalidad personal; h) la referencia al enriquecimiento; i) las crisis y los síntomas de las crisis en relación con la «estabilidad del sistema»; y j) la observación de lo extraordinario, lo singular y lo exótico (Bockelmann, 1983, pág. 65 y sigs.).

Actualmente, la mayoría de las noticias contienen actualidad, proximidad, prominencia, y, sobre todo, conflicto y consecuencias. La gente está interesada por conocer lo que ocurre en un entorno cercano, y por cercanía debe entenderse no sólo la geográfica, sino la social o incluso psicológica. Tiene tanto atractivo conocer lo que ha sucedido en el barrio como lo acaecido a un determinado grupo social con el que nos sentimos vinculados, aunque se haya producido a miles de kilómetros. Importan las noticias de compatriotas desaparecidos en un accidente lejano, o de violaciones de los derechos de personas en razón de su etnia o sexo, a lo largo y ancho del planeta, si coinciden con los nuestros. La *proximidad* es uno de los factores más poderosos a la hora de elegir una noticia.

La *prominencia* se ha convertido en un elemento clave del periodismo. En el periodismo tradicional (y como tal se entiende el periodismo informativo que tuvo su auge entre la Primera Guerra Mundial y la Segunda), la noticia venía delimitada fundamentalmente por el acontecimiento (el *qué ha pasado*) que le sucedía a alguien (*quién ha sido el protagonista*). En otras palabras, era el acontecimiento el que daba su razón de ser a las noticias. Basta un análisis superficial de los contenidos informativos de cualquier medio de comunicación actual para comprobar que es el *quién* (la categoría del personaje) quien confiere, en muchísimas ocasiones, la categoría de noticia al *qué*. Hay individuos que son noticia hagan lo que hagan, incluso aunque no hagan nada.

Hay autores que consideran que la noticia se define por los ingredientes que contienen de conflicto. Consideran que conflicto y comunicación están siempre interrelacionados. Todo conflicto resulta de una falta de acuerdo que se expresa en palabras y acciones: se crea, se mantiene y se termina mediante un intercambio de mensajes. Los medios de comunicación son uno de los canales más importantes que hacen posible ese intercambio y, por lo tanto, el conflicto es la sustancia de la noticia (Arno, 1984).

Un hecho será más noticiable cuando produzca mayor cantidad de consecuencias que, a su vez, también serán noti-

cia. Las consecuencias suponen la expansión de un acontecimiento a escenarios diversos y desencadenan un proceso en el
cual cada vez se ven implicados más hechos, más opiniones y
más protagonistas, que a su vez se implican en nuevas situaciones susceptibles de ser objeto de información. Cuantas más
consecuencias tenga un hecho, mayor será su permanencia en
los medios de comunicación, y, por lo tanto, tendrá más posibilidades de convertirse en un tema conocido y tratado por el
público.

2.1.1.1. A la caza y captura de audiencias

La importancia que tiene para los medios conseguir el interés
de la audiencia los obliga a desarrollar diversas estrategias, la
principal de las cuales es la de seleccionar temas capaces de captar la atención. Entre otros factores que determinan esa selección, según Galtung y Ruge (1980, pág. 120), se cuentan los
siguientes:

a) *Frecuencia.* Si un acontecimiento se produce en un
   tiempo ajustado a la periodicidad del medio y a su tiempo de producción es más probable que se convierta en
   noticia (por ejemplo, los hechos que suceden durante el
   día tienen más posibilidad de convertirse en noticia que
   los sucedidos durante la noche).
b) *Umbral.* Se percibe más un acontecimiento cuyo umbral de intensidad es muy alto o cuyo nivel normal de
   significación tiene un aumento repentino (una catástrofe, el secuestro de un personaje conocido...).
c) *Ausencia de ambigüedad.* Cuanto menos ambiguo sea
   el significado de un acontecimiento es más probable que
   sea noticia.

d) *Significatividad*. Ésta se puede dar por afinidad cultural o por relevancia del acontecimiento. La posibilidad de selección aumenta si un acontecimiento conecta con los intereses y la cultura de una determinada comunidad (el comienzo del Ramadán es noticia en el mundo árabe y puede no serlo en China; el Año Nuevo chino puede no ser noticia en el mundo árabe).

e) *Consonancia*. Ante determinadas expectativas de la audiencia, un acontecimiento tendrá más posibilidades de ser seleccionado si se adecua a estas expectativas (los sucesivos avances en la lucha contra el sida).

f) *Imprevisibilidad*. Ante dos acontecimientos parecidos, tendrá más posibilidades de ser seleccionado el más impredecible y raro (una gigantesca nevada es siempre noticia, pero lo será más si ocurre en un país tropical).

g) *Continuidad*. Al ser un acontecimiento noticiable, se producirá una continuidad en la noticiabilidad de los acontecimientos que guardan relación con él (las noticias de un torneo deportivo).

h) *Composición*. Un medio de comunicación transmite un conjunto de noticias que debe ser equilibrado. Es decir, que los acontecimientos también se seleccionan con relación a la composición general del medio. De esta forma, en unas circunstancias determinadas, un acontecimiento puede tener cabida en un medio y en otras no.

i) *Valores socioculturales*. Referencias a personas, a naciones de élite, a personas de élite, o a cualquier cosa negativa.

Aunque los factores que se acaban de apuntar son permanentes, los temas que los medios seleccionan mediante su aplicación no lo son, y varían según los lugares y las épocas. No hay que olvidar que la noticia más útil al lector u oyente, aquella por la que con razón pudiera pagar más, será aquella que mejor le sirva para entender lo que pasa y hacerse cargo de lo que va a pasar, para entender lo que le espera o también aquello en lo que él mismo pueda influir (Gomis, 1991). Dada la extraordinaria complejidad de la sociedad actual, el público necesita conocer y entender más cosas sobre más campos, más situaciones y sobre los procesos que las han hecho posibles. Ya no se trata sólo de estar informado, sino de buscar un sentido al mundo que nos rodea. Y eso, en el campo de la información, se traduce en la demanda de nuevos temas en los medios que podrían resumirse en tres grandes apartados: los referidos a noticias basadas en la *vida privada de las personas*, los relativos a los *sucesos policiales* y los referidos a *campos especializados.*

2.1.1.2. La democracia de las pasiones

Las emociones, sus actos y consecuencias, han sido sujeto noticioso desde los albores del periodismo y han generado noticias específicas que apelaban a los sentimientos o han introducido elementos emocionales en acontecimientos políticos, económicos o sociales. Actualmente, las noticias que despiertan más interés son las noticias que explican historias sobre vidas y no sólo sobre actuaciones. Ello es debido, quizás, a dos razones: a) la progresiva rutinización de la cotidianidad («adelgazamiento de la vida», se ha llegado a denominar) provoca la necesidad de consumir informaciones sobre vidas ajenas; y b) las vidas ajenas pueden aportar explicaciones o respuestas a situaciones o cuestiones planteadas en la vida del público. Por ello, las noticias sobre el espacio privado ocupan cada vez mayor extensión en los medios ya que a) interesan a todo el mundo, pues dan resonancia pública a vivencias personales en las que cada uno puede verse representado; b) el espacio privado se convierte en un lugar fundamentalmente igualitario en donde se expresa la «democracia de las pasiones», es decir, donde los sentimientos más primarios (amor, celos, dolor...) son susceptibles de ser compartidos por todos los seres humanos, por encima de una determinada posición social. No interesan los personajes parcelados, segmentados en una sola especialización (política, económica o artística, por ejemplo); interesan los personajes conocidos por sus vidas, y además por sus actuaciones y ocupaciones. Hay que tener en cuenta algo importante: al igual que ocurre en la literatura, los personajes tienen mucha más aceptación cuanto más se parecen a la gente, o, por lo menos, cuantos más pedazos de vida comparten con la gente; y c) la vida privada se convierte en reflejo de muchas tendencias sociales (tanto explícitas como latentes).

Todos estos factores se traducen en varias constataciones:

— Lo privado ocupa un lugar importante en la superficie de los medios, tanto en su contenido informativo como publicitario.
— Se produce una espectacularización de la vida privada de los personajes públicos.
— Debido a dicha espectacularización, hay personajes que se convierten en públicos debido a su vida privada.
— Lo privado ha entrado a formar parte de los contenidos de los medios como sujeto político.
— Los medios de comunicación tematizan, cada vez con mayor frecuencia, aspectos colectivos de la vida privada que inciden directamente en la vida pública (madres de alquiler, fecundación in vitro, matrimonio entre homosexuales...).

Un tratamiento correcto de las emociones en el periodismo aporta elementos importantes para la comprensión de las noticias. No hace falta referirse a la denominada prensa del corazón y del espectáculo para ello. La economía es un buen ejemplo; al referirse a la crisis económica, los titulares son de esta índole: «Pánico en la Bolsa», «Euforia en los mercados», «Pesimismo en el consumidor», etc. Gran parte de los conflictos generados en una sociedad tienen su origen en aspectos emocionales: problemas interculturales, rechazo al inmigrante, racismo, intolerancia... Sin embargo, los medios utilizan en muchas ocasiones las emociones, no como un recurso contextualizador de la noticia, sino como un elemento que actúa de gancho para atraer al público al precio que sea. Si consideramos que la noticia es un síntoma social, un tratamiento adecuado del mundo de las emociones puede ayudar a la comprensión global de un acontecimiento y de una sociedad. Sin embargo, los medios suelen asociar las noticias que tienen un componente emocional con la espectacularización, la sensiblería o, simplemente, el amarillismo. En vez de aportar informaciones que ayudan a explicar los hechos, prefieren acudir al morbo y al sensacionalismo, aunque ello vaya en detrimento del sentido del acontecimiento. Las convierten en un simple reclamo para atraer a la audiencia en vez de reconocer su potencial informativo y tratarlas con el rigor que exige el ejercicio serio de la profesión.

2.1.1.3 Periodismo y violencia

El crimen ha sido, desde sus inicios, un tema apetecido y recurrente en el periodismo. Y, por encima de todo, rentable. Sus indudables componentes emocionales lo han convertido en uno de los contenidos que despiertan más interés en el público, con especial incidencia en los medios dirigidos a estratos sociales populares. Existen dos formas de tratar las noticias que lo tienen como trasfondo: una, propia del periodismo de calidad, y otra, característica del periodismo amarillista. Como es sabido, el adjetivo de *amarillo* se debe al color de una tira cómica llamada «Yellow Kid», cuya publicación se disputaban el *Morning Journal* de William R. Hearst y el *World* de Albert Pulitzer a finales del siglo xix. La rivalidad entre ambos personajes llevó a Hearst a deformar los acontecimientos para producir un mayor impacto entre los lectores. La historia del periodismo registra como ejemplo de distorsión informativa la anécdota según la cual el magnate de la prensa envió a un periodista y dibujante, Frederic Remington, a cubrir el hundimiento del acorazado estadounidense *Maine* en la bahía de La Habana, en pleno conflicto entre Cuba y España por la independencia de la colonia. Es sabido que el dibujante constató que el naufragio no se debió a ningún enfrentamiento, sino que se hundió por otras causas. Al comunicárselo a Hearst, éste le respondió: «Usted mande sus dibujos, que yo pondré la guerra». El concepto de amarillismo ha ido siempre ligado a dos factores: la falta de veracidad de las noticias y la utilización del morbo en sus contenidos, en los que predominan las imágenes truculentas y los titulares escandalosos.

El trasfondo de las noticias denominadas, según los países, *policiales*, *sucesos*, *crónica roja*, etc., es uno: la violencia, que se suele asociar al delito y que es el resultado de un conflicto. La diferencia entre un tratamiento serio de los hechos violentos y uno amarillista es clave: este último enfatiza los aspectos descriptivos más truculentos de la noticia, sin ahondar en sus causas y consecuencias. Para ello recurre a la carnaza del espectáculo. La Asociación Española de Usuarios de la Comunicación, en su informe *La violencia en los medios de comunicación*, señalaba varios factores que aparecían en las conclusiones de distintos estudios sobre la presencia de la violencia en los medios:

a) *Ominipresencia* de la violencia en la evolución de la violencia televisiva, tanto en los programas de ficción como en los informativos, los documentales y los *reality shows.*

b) *Impunidad de la violencia.* La mayoría de actos violentos mostrados en la pantalla quedan sin su castigo, aun cuando los antagonistas principales de los relatos sí suelen recibir finalmente su merecido.

c) *Banalización de la violencia.* En muchos casos, la puesta en escena de la violencia televisiva es desdramatizadora, edulcorada, humorística, sin demostración ni referencias al dolor de las víctimas o a los perjuicios físicos y emocionales que éstas padecen.

d) *Inevitabilidad de la violencia.* La violencia aparece como el recurso más eficaz para la resolución de conflictos. Por ello es sistemáticamente ejercida tanto por los personajes negativos como por los protagonistas y personajes positivos del relato. La no utilización de la violencia se presenta generalmente en términos de incapacidad.

El periodismo de calidad no debe rehuir las noticias sobre el crimen, pero debe tratarlo teniendo en cuenta la complejidad del contexto en que se origina. La violencia no es la que convierte una información en periodismo amarillo, sino la representación que de ella hace el medio; existe en la sociedad y se manifiesta en diversos contextos tanto públicos como privados, pero su tratamiento informativo no es inocente. Un periodismo responsable debe asumir como punto de partida que los hechos violentos son siempre el resultado de la no resolución de un conflicto, tanto individual como social, y que por lo tanto tienen unas causas, un desarrollo, unas consecuencias y un contexto en los que se producen. Si bien podemos considerar que la violencia en sí es negativa, el conflicto no lo es. El concepto de *conflicto* es fundamental para comprender el sentido de la existencia. En todo caso, lo que genera violencia es la incapacidad o la no voluntad de solucionarlo. Si bien la violencia puede ser evitable en una sociedad, el conflicto no, y en su correcta resolución reside gran parte de lo que denominamos civilización. Los medios deben asumir la responsabilidad de generar determinados tipos de contenidos que a veces ayudan si no a la gestación, sí a la permanencia de actitudes violentas.

> En el ámbito del periodismo, la inclusión de la violencia en los medios se justifica cuando ayuda a la información responsable, cuando hay una búsqueda de sentido. No se justifica cuando sólo busca espectáculo, favorece el morbo, cuando omite los elementos necesarios para la reflexión y se queda en el mero estímulo y excitación del espectador. Sabemos que si se identifica el origen del conflicto se está comprendiendo éste. En efecto, detrás de cada conflicto, tanto social como personal, hay una serie de necesidades insatisfechas, de problemas no resueltos, y su comprensión y conocimiento son de gran ayuda para su resolución. Para ello, ante un conflicto que se manifiesta con violencia, los medios deben ofrecer una información en profundidad que explique, y no sólo describa, las razones que han provocado su eclosión. Esa explicación debe tener en cuenta únicamente las situaciones que han originado la violencia, sino la perspectiva, las creencias, en definitiva, la cultura desde la cual se han originado esos hechos (Fontcuberta, 2003, pág. 529).

2.1.1.4. La información especializada

Alvin Toffler consideraba en 1982 que la especialización era
una de las señas de identidad de lo que denominaba la Tercera
Ola. La necesidad del periodismo de estar al día, de recoger lo
nuevo, lo permanente y lo cambiante de la realidad social, encuentra su respuesta en el siglo xxi en la especialización de
contenidos, la diferenciación de los medios y la búsqueda
de audiencias específicas. La aparición de nuevos medios de
comunicación supone un cambio importante en los destinata-
rios, que se convierten en audiencias cada vez más diferenciadas
y, en muchos casos, interactivas. Eso significa que el receptor
puede establecer relaciones con otros receptores a través del
medio o solicitar del propio medio contenidos de acuerdo a
sus necesidades individuales.

Cuando se habla de especialización no hay que referirse al
tipo de medio o de audiencia, sino a los *contenidos.* Actualmente se produce una tendencia que resulta revolucionaria en
el mundo de los medios de comunicación. La sociedad de masas, nacida en la sociedad industrial, está dando paso a la *sociedad de colectivos* en la que cada individuo tiene un peso específico por sí mismo. Los rasgos más característicos de este
tipo de sociedad son: a) un inmenso incremento de conocimiento sobre hechos de la vida y las condiciones interactivas
de todos los hombres; b) un saber científico universalmente
extendido, del mismo modo que también están disponibles
los logros de la tecnología; c) una opinión pública mundial
que incorpora nuevos temas y los traduce en pautas de comportamiento para los receptores de la información; d) una interacción de la actividad económica; y e) la aparición de una
civilización del viaje, en la que una persona con educación
urbana sabe a qué atenerse en cualquier lugar del mundo en
que se encuentre. El papel integrador de todos estos aspectos

lo desempeñan los medios de comunicación social (López Escobar, 1988, pág. 129).

En su ya larga tradición, los medios han creado lo que podríamos llamar una cultura de la información periodística global e interplanetaria, que ha provocado un afán de saber desconocido hasta ahora. Lorenzo Gomis pronosticaba con acierto hace más de veinte años que la proliferación de medios de comunicación, además de ensanchar el panorama comunicativo, hace necesaria una renovación continuada de los contenidos periodísticos para poder acercarlos a la complejidad de las sociedades modernas, que tienen como características globalizar hechos locales y apropiarse localmente de hechos globales. La mayoría de las noticias actuales, para ser comprendidas de forma cabal, necesitan ser explicadas e interpretadas desde diferentes perspectivas y con distintos niveles de profundidad. El suicidio de un joven en Túnez provoca una ola de protestas sin precedentes en el mundo árabe en demanda de mejoras democráticas y la caída de un régimen autoritario en Egipto como epicentro emblemático, lo cual, a su vez, provoca un aumento del precio del petróleo que encarece su coste en todo el mundo. El terrorismo y el narcotráfico han dejado de ser problemas exclusivos de un país para convertirse en parte de los ejes en torno a los cuales se define la política internacional. Los ejemplos son múltiples, pero la conclusión es clara: el periodista actual debe tener conocimientos amplios del campo sobre el que informa para poder explicar los hechos en su verdadera dimensión. Y para ello, sin lugar a dudas, necesita un nivel de especialización mucho mayor que el que se exigía a los profesionales hace unos años.

2.1.1.5. A cada cual lo suyo

El político y empresario de la prensa francés Servan-Schreiber fue uno de los primeros en señalar, en la década de 1970, el declive de los medios de interés general en favor de los medios especializados. Las causas que enumeró entonces para explicar dicho declive pueden aplicarse en gran medida a los tiempos actuales:

a) La especialización en las funciones ha creado subgrupos que no poseen el mismo lenguaje entre ellos. La información especializada tiene que responder a las necesidades de estos subgrupos.

b) El ascenso de las minorías. Hoy, los grupos étnicos han vuelto con ímpetu a buscar su propia identidad. Aquellos que se sienten deprimidos por la apisonadora social, desde los homosexuales hasta los obesos, afirman ahora su derecho a ser diferentes.

c) La educación liberal, basada en una mejor cultura y un mayor conocimiento del mundo, ha contribuido a diversificar los gustos y las necesidades de información.

d) El paraíso del consumo. En un mercado tan amplio y próspero, cualquier idea bien presentada puede transformarse en un submercado limitado, pero muy lucrativo.

e) La multiplicidad de las diversiones. Todos aquellos que tienen los medios y el deseo reaccionan contra la asimilación a la masa buscando identificarse con un grupo limitado y homogéneo en el interior del cual tienen la sensación de vivir. También cualquier nueva tendencia social (si puede dar lugar a un consumo) ve cómo rápidamente se crea a su alrededor una prensa para identificarla, describirla, propagarla y servirla.

A todos estos condicionantes sociales hay que añadir la publicidad, que busca asimismo medios especializados. Insertar en una publicación de interés general un anuncio que esté exclusivamente destinado a los amantes del *surf* es demasiado caro. El *marketing* y la publicidad, al refinarse, han obligado a los *mass media* a seguirles por este camino (Servan-Schreiber, 1974, pág. 142).

El periodismo especializado es el que trata en profundidad un determinado campo del conocimiento. La especialización periodística es siempre temática, es decir, hablamos del periodismo económico, político, deportivo, etc. Hay que dejar claro este punto, porque se han producido confusiones al respecto y hay quien considera que son medios especializados los dirigidos a distintos segmentos del público (periodismo femenino), los que informan de un determinado ámbito geográfico (periodismo local o regional, por ejemplo), o los que se refieren a los propios medios (periodistas televisivos, radiofónicos, etc.). Ni la geografía, ni la segmentación demográfica, ni los medios especializan. Son componentes complementarios que acompañan a la especialización temática, pero no la definen. La especialización periodística es una necesidad cada vez mayor, en un mundo complejo en el que muchas noticias necesitan ser informadas por profesionales que tengan un conocimiento profundo del ámbito que tratan, y que sean capaces de explicarlo de acuerdo a las características del público al que se dirigen.

2.1.2. *El interés de los medios*

Cada medio tiene interés en dar a conocer a su público determinados hechos y opiniones para conseguir fundamentalmente dos objetivos: ganar dinero y tener la máxima influencia y difusión. En el primer caso, la empresa periodística se considera una empresa más, que pretende obtener el máximo de ganancias con la venta o la oferta del producto. Sin embargo, la mercancía que ofrecen los medios es atípica y no puede compararse a un par de zapatos o un electrodoméstico: son hechos e ideas que afectan a nuestra percepción del mundo y, en gran medida, a nuestras acciones. En ese sentido, cada medio pretenderá persuadir de que los contenidos que ofrece son los más adecuados para los intereses de la audiencia, y la mezcla de los dos objetivos (el económico y el ideológico) dará como resultado la construcción del temario.

A pesar de que el lucro y la influencia son, en mayor o menor grado, metas de cualquier medio, hay que establecer una diferencia entre los medios denominados independientes y los ligados al Estado o a partidos e instituciones. Héctor Borrat afirma que en estos últimos no se encuentra la defensa de intereses estrictamente empresariales. Los objetivos de los medios del Estado tienden a confundirse con los del Gobierno; los de la prensa (u otros medios) de partido, con los de la elite que lo dirige y controla. En los medios del Estado y de partido prima la lógica de los políticos profesionales, que no es la misma que la lógica empresarial de los medios denominados independientes. En los medios independientes hay una necesidad básica de que ambos objetivos se combinen de tal manera que la influencia incremente las ganancias y que la potencia económica sea el máximo recurso para influir en el público. En cambio, en los medios del Estado y de partido, la capacidad de influir es valorada por sí misma, independientemente de la capacidad de ganar dinero.

2.1.3. *Los intereses de diversos sectores de la sociedad*

El contenido de los medios no sólo depende de los intereses del público y de los propios medios: es también el resultado de los intereses de distintos sectores de la sociedad, que pretenden dar a conocer al público determinados hechos y opiniones a través de los medios de comunicación. Desde la asociación de vecinos de un barrio que organiza manifestaciones para conseguir viviendas más dignas, hasta organizaciones humanitarias que solicitan ayuda para tal o cual causa, pasando por empresas discográficas que pretenden promocionar a determinados cantantes, hay un conjunto de intereses que necesitan de los medios para ser conocidos y valorados. A ello hay que sumar dos factores más: la influencia de la denominada comunicación estratégica, practicada desde los diferentes gabinetes de comunicación de las organizaciones, y la ejercida por la publicidad sobre el área informativa de los medios. Todos ellos presionarán de muy diversas maneras para conseguir introducirse en las páginas de la prensa escrita o digital, el dial de la radio o la pantalla de la televisión.

Como puede verse, los intereses del público, los intereses de los medios y los de la propia sociedad son los que construyen el temario, o sea, el contenido de cada medio. Pero la simple inclusión de un tema no basta. Es evidente que los medios dan a unas noticias mayor importancia que a otras y que muchos medios no dan la misma importancia a una misma noticia. Este proceso es tan importante como el de la inclusión de una información.

Capítulo 3

EL VALOR DE LA INFORMACIÓN

Los medios jerarquizan la información para valorar las noticias a las que otorgan más importancia. Para ello emplean dos elementos: la selección de fuentes informativas, y el uso de recursos formales y estéticos a la hora de presentar sus contenidos.

Una vez que un medio selecciona unos acontecimientos para ofrecerlos como noticias (lo cual implica que rechaza otros) tiene que valorarlos. En primer lugar, debe hacerlo por necesidad: las informaciones que van en la primera página son las primeras que ve el lector y a las que da más importancia; ocurre lo mismo con las que inician un telediario o un boletín radiofónico. Pero también tiene que hacerlo para mostrar al público su propia valoración de la actualidad y de los hechos periodísticos, y, por lo tanto, para definir su propia personalidad frente a otros medios.

A pesar de que cada día suceden cientos de noticias, la mayoría de los medios de un mismo lugar suelen coincidir en dar relevancia a las mismas. Ello hace que las portadas de diferentes diarios, por ejemplo, se parezcan mucho, ya que muestran los mismos acontecimientos. Lo mismo ocurre en muchos noticieros televisivos. La razón se debe a que existe un código no escrito que comparten la mayoría de los periodistas, compuesto a la vez por una percepción semejante de la realidad (el tan traído y llevado tópico del *olfato periodístico*), y por un tipo de idénticas rutinas profesionales (trabajan del mismo modo, acuden a los mismos actos, reciben las mismas informaciones...). Sin embargo, a pesar de estas semejanzas, los medios no son iguales. Hay diferencias incluso cuando explican una misma noticia. Y en esas diferencias desempeñan un papel importante dos factores: la selección de fuentes informativas y la elección de los aspectos formales de la información.

3.1. Las fuentes informativas

La mayoría de los periodistas no han sido testigos presenciales de los hechos sobre los que informan. Pueden serlo de una sesión parlamentaria, una carrera ciclista o una boda de personajes famosos. Pero hay hechos que se producen sin que haya un profesional que dé un testimonio directo: desde importantes reuniones celebradas a puerta cerrada hasta el hallazgo de un alijo de droga o el descarrilamiento de un tren. Los periodistas, pues, deben informarse antes de redactar la mayoría de las noticias que suministran. Y para ello tienen que acudir a las denominadas fuentes de información.

Las fuentes de información, pues, son personas, instituciones y organismos de toda índole que facilitan la información que necesitan los medios para suministrar noticias. Esta información es de dos tipos: la que busca el medio a través de sus contactos y la que recibe a partir de la iniciativa de distintos sectores interesados. La relación entre el medio y las fuentes es una de las más complejas y básicas de todo el proceso de producción de noticias. Un medio sin fuentes es un medio muerto.

Todo periodista intenta explicar la realidad de un hecho mediante la observación directa o la búsqueda de fuentes humanas fidedignas que pueden suministrar información sobre el hecho, sus causas y sus consecuencias. Éstas son importantes incluso cuando el periodista asiste en persona al acontecimiento: suponen un punto de vista distinto y aportan datos complementarios. La obtención de fuentes de información fiables y de calidad prestigia a los medios. Afirma Héctor Borrat que «cuanto mayor sea la cantidad, la calidad y la diversidad de las informaciones que comunica y de las fuentes que cita, tanto mayor será su credibilidad y, por tanto, su influencia [...]. La potencia informativa del periódico se pone de manifiesto entonces en el *número*, la *calidad* y el *pluralismo* de sus fuentes de información. Ante un hecho noticiable determinado, el periódico necesita disponer de varias fuentes contrastables para que su propia versión no sea una mera transcripción o reproducción de la que le ha proporcionado una sola fuente, ni refleje tan sólo la versión de una de las partes del conflicto» (Borrat, 1989b, pág. 54). Lo que aquí se afirma del periódico debe hacerse extensivo al resto de los medios. Todos ellos necesitan garantizar que los contenidos que ofrecen son veraces y se aproximan al máximo a lo sucedido en la realidad.

Hay fuentes exclusivas y fuentes compartidas. Las primeras son las más valoradas por los medios, ya que aportan información privilegiada, pero también son las más difíciles de obtener. Las fuentes compartidas son las que garantizan un volumen de información homogéneo para todos los medios, en cantidad y calidad, a partir del cual pueden ofrecer a la audiencia las noticias que se consideran indispensables, aunque valoradas de manera diferente. Las fuentes compartidas son las agencias de noticias, los gabinetes de prensa, los comunicados públicos, las conferencias informativas, etc.

3.1.1. *Tipos de fuentes*

No todas las fuentes actúan de la misma manera. Borrat encuentra un amplio arco de modelos. La actitud más reacia a comunicar información corresponde a la *fuente resistente*:

opone fuertes obstáculos, restricciones y reticencias a quien busca en ella información. Por el contrario, la *fuente abierta* no opone resistencia, pero tampoco asume la iniciativa: necesita que se la busque para que comunique la información. La *fuente espontánea* asume ella misma la iniciativa de informar al medio; la *fuente ávida* adopta igual actitud, pero con una carga de identidad y urgencia mayor: suele producirse cuando alguien necesita que se den a conocer los mensajes que sirven a sus intereses. Por último, la *fuente compulsiva* toma la iniciativa con todos los recursos a su alcance para obligar al medio a comunicar su información. La fuente resistente y la fuente abierta corresponden a la información buscada; la fuente espontánea y la fuente ávida corresponden a la información recibida (Borrat, 1989b, pág. 56).

Cuando un periodista asiste personalmente al acontecimiento que describe, la noticia se denomina *de primera mano* e implica su testimonio directo. Si el periodista conoce la información, no personalmente, sino a través de las declaraciones de un testigo directo, se habla de noticia *de segunda mano.* Ese testigo será la fuente de la noticia. En el caso de que la noticia se base en la información suministrada por una fuente que, a su vez, fue informada por un testigo de los hechos, nos encontramos ante una noticia *de tercera mano.*

3.1.2. *Dime quién te informa y te diré quién eres*

La atribución consiste en el modo en que los periodistas revelan que su información proviene de unas fuentes determinadas. La atribución da más veracidad a la noticia, ya que el público la contempla como una garantía de la fidelidad a los hechos. Melvin Mencher afirma que la atribución debe utilizarse: a) para dar fuerza y credibilidad al material informativo; b) cuando se ofrecen opiniones o puntos de vista distintos o enfrentados en torno a los hechos; c) en caso de que el periodista no esté del todo seguro de la exactitud de la información; y d) cuando se han hecho públicas conclusiones o declaraciones en torno a un tema (Mencher, 1977, pág. 29).

Un periodista suele citar siempre sus fuentes, pero en ocasiones esto no es posible. Hay veces en que la propia fuente no quiere ser conocida y otras en las que la revelación de su identidad supondría serios riesgos para quien informa al periodista. Éste, entonces, tiene el derecho de apelar al secreto profesional y ocultar su fuente informativa. Ese derecho está reconocido en muchas legislaciones, pero no en otras, con lo que, aún hoy, ocasiona penas de prisión a muchos profesionales. Un caso emblemático ha sido el de Wikileaks, una organización mediática internacional cuyo objetivo desde su nacimiento en 2007 fue la de recibir filtraciones informativas, preservando el anonimato de las fuentes, sobre temas polémicos y comportamientos no éticos por parte de empresas y Gobiernos. En el 2010 dio a conocer a varios diarios miles de documentos confidenciales que pusieron en jaque el mundo político y económico de muchos países, y mostraron que la lucha por la transparencia informativa era una meta a la que ya no se podía renunciar y de la que no se podía prescindir.

Muchas veces no es fácil saber qué tipo de atribución es la idónea para aplicar a un caso u otro, y sin embargo es importante saberlo hacer. Es común el hecho de que una personalidad desmienta haber efectuado tales o cuales declaraciones a tal o cual periodista, o que denuncie que sus palabras han sido tergiversadas. El terreno de las declaraciones es tanto más resbaladizo cuantos más intereses entren en juego.

Existen varios tipos de atribución: la *atribución directa*, la *atribución con reservas*, la *atribución con reserva obligada*, y la *atribución con reserva total* (off the record).

a) *Atribución directa*. Se produce cuando el medio identifica a la fuente y cita la información que ha proporcionado («el presidente del Gobierno ha declarado que bajarán los impuestos»).

b) *Atribución con reservas*. No se cita explícitamente a la fuente, pero se la sitúa en un contexto y pueden mencionarse sus informaciones («fuentes del Ministerio de Agricultura...», «medios cercanos a la presidencia...»).

c) *Atribución con reserva obligada*. El medio no menciona a la fuente y cuenta las informaciones como si fueran propias.

d) *Atribución con reserva total* (*off the record*). La noticia no se puede publicar ni se puede atribuir. En general este tipo de información se utiliza para dar elementos de información al periodista, a fin de que pueda interpretar mejor los acontecimientos. También se emplea desde determinados grupos de presión para poner en circulación rumores que más tarde actuarán como globos sonda informativos (Secanella, 1980, pág. 90).

La casi totalidad de nombres que aparecen en las noticias van acompañados de una identificación, es decir, de una explicación de su personalidad. En unos casos se trata de cargos públicos —«Barak Obama, presidente de Estados Unidos»—; en otros, se identifica a una persona por su ocupación —«el torero José Tomás», «el oftalmólogo Joaquín Barraquer»—. Hay quien es descrito por sus características físicas: «Pepe Pérez, el hombre más alto del mundo», o por una actuación determinada: «María López, la mujer que salvó a tres niños de morir ahogados».

Hay personas que tienen una identificación permanente: «El escritor Jorge Luis Borges»; otras varían según el cargo (una misma persona puede ocupar sucesivamente dos carteras ministeriales distintas); hay quien es conocido por una acción que realizó tiempo atrás: «Valentina Tereshkova, la primera mujer astronauta». En otros casos, la identificación proviene de un parentesco con una personalidad célebre: «Svetlana Alliluyeva, hija de Iosif Stalin...».

Un consejo que seguir en periodismo es respetar siempre la identificación de los protagonistas, sin dar por supuesto que el lector conoce ya al personaje. Hay personas que, una vez identificadas, no necesitan presentación. Cuando el periodista se refiere al papa Benedicto XVI huelgan mayores datos explicativos. En cambio, otros necesitan ser definidos más ampliamente. En muchos casos, esa definición tiene el carácter de una presentación: por ejemplo, la biografía de los nuevos ministros de un gabinete.

A veces la identificación no requiere una biografía completa, sino más bien una referencia a determinados aspectos inéditos de un personaje, en el caso de que la noticia haga hincapié en esos aspectos: «El rey don Juan Carlos, conocido radioaficionado...».

Por último, hay que hablar de las siglas. De ellas cabe decir lo mismo que de los nombres: siempre deben identificarse. Por lo tanto, es mejor hablar de la Unión Europea que de la UE. La fórmula que se suele emplear es la de identificar primero el nombre y acto seguido colocar las siglas entre paréntesis. A partir de entonces ya pueden utilizarse las siglas. Ejemplo: «La Organización de las Naciones Unidas (ONU)...».

3.1.3. *El uso de citas*

La atribución se suele basar en las declaraciones que realizan los personajes noticiables. Esas declaraciones se ofrecen al receptor en forma de citas. La cita es la referencia que hace el periodista a las palabras pronunciadas o escritas por los protagonistas de la noticia. Puede ser de dos tipos: directa o indirecta.

La cita directa es la que reproduce exactamente los términos en los que se ha expresado el sujeto informativo. El periodista deja hablar al personaje por sí mismo y se limita a reproducir textualmente sus declaraciones. En radio y en televisión, la cita directa supone escuchar la voz del propio personaje. En la prensa escrita, la cita directa va siempre entre comillas o en un tipo de letra distinto al del resto del texto para indicar dónde empieza y acaba la atribución. Por ejemplo: «El líder sindical Pedro Pérez afirmó ayer que "el fuerte aumento del desempleo supone una catástrofe nacional"».

La cita directa aumenta el contacto personal del público con los protagonistas de la información e inyecta una dosis mayor de credibilidad a la noticia, ya que da la impresión al lector de que se elimina la mediación del periodista. Ello hace que la noticia gane en agilidad. Por otra parte, la cita directa rompe la linealidad del texto; en el caso de la prensa escrita, es el único recurso que tiene para dar una impresión de vivencia directa similar a la que producen las noticias en radio o televisión.

La cita indirecta significa que el periodista no reproduce textualmente las afirmaciones del personaje noticiable y se limita a explicarlas. La fórmula empleada suele ser el uso de verbos como *dijo*, *afirmó*, *añadió*... La cita indirecta permite condensar declaraciones largas en un corto espacio. Un discurso de inauguración del Parlamento o la publicación de un informe sobre la nocividad de las centrales nucleares puede durar una hora en radio o televisión y ocupar páginas enteras de un diario. La cita indirecta sintetiza los puntos más relevantes.

3.1.4. *Al César lo que es del César*

El primer factor que hay que tener en cuenta cuando se va a citar es saber lo que se quiere citar. La afirmación parece una perogrullada, pero no lo es. Toda declaración contiene unos puntos centrales que constituyen su idea básica. Ninguno de esos puntos puede olvidarse a la hora de redactar la noticia. Por lo tanto, para resumir un texto, una conferencia o una rueda de prensa, primero hay que analizarla.

El segundo factor consiste en atribuir a cada uno de los sujetos informativos sus propias declaraciones. El receptor debe saber en todo momento quién dice una cosa y quién dice otra. Esto es tan necesario en televisión (con la apoyatura de la imagen correcta del personaje que habla) como en la radio y en la prensa (con la identificación clara inmediatamente antes o después de las manifestaciones del personaje).

A partir de entonces, el periodista debe saber si quiere escribir una noticia mediante citas directas o indirectas. En el primer caso, una vez resumidas las declaraciones, tendrá que seleccionar las frases que mejor expresen el significado general del discurso y enlazarlas adecuadamente entre sí. En caso de utilizar citas indirectas, y una vez resumido el contenido, redactará la noticia siguiendo la estructura típica: el núcleo de las declaraciones y la atribución constará en el lid o primer párrafo, y el resto en el cuerpo de la noticia.

En muchos casos, la técnica que se sigue es la de utilizar conjuntamente citas directas e indirectas. Con ello se consigue, por una parte, condensar la totalidad de lo expuesto por el personaje y, por la otra, captar la atención del público mediante frases que crean impacto o refuerzan la referencia del periodista.

Es aconsejable que cada punto básico de la declaración, reforzado por la cita, ocupe un párrafo, o, si es muy largo, va-

rios. Para seguir la continuidad entre párrafo y párrafo hay
dos técnicas: a) no colocar las comillas al final del primer párrafo y situarlas al principio del segundo; b) emplear entre
párrafo y párrafo frases de transición.

Cuando la cita directa ocupa varios párrafos conviene situar en cada uno de ellos, entre guiones, algún verbo que re-
cuerde al lector que la cita sigue siendo textual. Por otra parte,
si la importancia de la cita directa lo merece puede colocarse al
principio de la información. Causa mucho impacto y sitúa en-
seguida al público en el contexto de la noticia. En otras ocasiones, las citas directas se limitan a palabras o frases dentro de
una noticia construida fundamentalmente a base de citas indirectas. Con ello se consigue enfatizar, dar realce, a determinadas expresiones que dan más fuerza a las declaraciones generales expuestas en el texto. En ese caso la frase o término se
pone entre comillas.

3.2. La estética de la información

Todos los medios ofrecen su información en un contexto formal que implica una determinada arquitectura. El aspecto formal de la información se ha convertido en un tema de progresiva importancia, tanto en los medios escritos como en los
audiovisuales. No hay lugar para la improvisación ni en la ma-
quetación de una página, ni en la compaginación de un diario
o revista, ni en la elección de una fotografía o del entorno físi-
co que rodea al presentador del telediario. Tampoco hay azar
a la hora de seleccionar las sintonías o formatos en la radio o la
televisión. Todo es parte de un conjunto en el que el binomio
contenido/forma se ofrece trabado de tal manera que establece relaciones de mutua dependencia.

El formato de un medio es el punto de referencia que el

medio ofrece a su público. El diseño puede comunicar símbolos no verbales (por ejemplo, conservadurismo o aperturismo) que muestran a la audiencia que el medio está a tono con los tiempos y es una muestra de las corrientes imperantes en la sociedad, sobre todo cuando nos referimos a una sociedad en la que la importancia de la imagen es muy fuerte.

El aspecto formal de una información no se limita a ofrecer un aspecto visual agradable, sino que tiene dos objetivos: facilitar el acceso de esa información al público y valorar la información. El formato de un medio refleja el valor que otorga a las informaciones que presenta, y los receptores interpretan el medio en función de las reglas que él mismo enseña.

El diseño adquiere una importancia especial en el caso de la prensa escrita, y, en concreto, en el diario. En este caso, el término puede usarse de tres modos distintos: a) como formato básico de un periódico entero (o revista). Depende del modelo que pretende ser —si es un diario de prestigio o popular, si se trata de una revista especializada o del corazón, etc.— y sigue unas pautas constantes en cada ejemplar; b) refiriéndose a la estructura de una página completa; o c) refiriéndose a la estructura de cada información en particular.

Una de las razones que convierten el diseño en algo básico en la prensa escrita es que, al contrario de lo que sucede en los medios audiovisuales, el lector puede imponer su propio orden de recepción del mensaje. Un espectador de televisión (por lo menos hasta que no se haya popularizado el concepto de *televisión a la carta*) debe seguir, obligatoriamente, la secuencia de recepción que le impone el medio. A tal hora, tal programa, al que sucederá el programa siguiente. Lo mismo ocurre en radio. La libertad del espectador o del oyente consiste, únicamente, en oír o ver el programa o grabarlo para verlo más tarde. O, por supuesto, dejar de verlo.

Sin embargo, el lector puede, en el caso del periódico, leer una información comenzando por el título, seguir con el primer párrafo, pero también mirar la foto, continuar leyendo el título de la noticia contigua, pasar la página y leer otras dos noticias... Puede empezar a leer un diario por la última página, por su sección favorita, o limitarse a consultar la cartelera de espectáculos. El profesor Lorenzo Vilches explica que el lector no busca tener una lectura exhaustiva del periódico, sino que se deja guiar por la forma sensible de éste. «Una página de periódico no se lee, en primer lugar, por su contenido sino por su expresión. Para quedarnos en la foto, diremos que la distribución de la foto en la página es semejante a un mapa de las diferentes trampas que encuentra el lector en su recorrido perceptivo [...]. Antes del contenido está la forma en que éste se presenta, antes de la foto está el hueco que ocupa; hay libertad para que el lector haga su propio recorrido, pero ese camino está lleno de trampas previamente preparadas» (Vilches, 1987, pág. 55). Para destacar una determinada información se emplean diversos medios, como la extensión de los títulos, la clase de letra, los espacios en blanco, el empleo de fotografías, ilustraciones o infografías, las columnas que ocupa, el uso de recuadros, etc.

La gradación de la importancia que el medio ofrece a la información implica la utilización de las «trampas» a las que aludía el profesor Vilches. Por ejemplo, para establecer la importancia de los titulares hay que tener en cuenta el *número de líneas* (un título será más importante cuantas más líneas ocupe); el *número de columnas* (cuantas más ocupe, más valorada estará la noticia); el *cuerpo* (un título compuesto a un cuerpo o tamaño de letra del cuarenta y ocho es más importante que uno compuesto en cuerpo veinticuatro); la *clase de letra* (el orden de importancia de mayor o menor depende de si es fina, seminegra, negra o supernegra; por otra parte, la mayúscula confiere más importancia que la minúscula); la *colocación* (así, en un diario, la primera plana es la más importante, lo mismo que las páginas impares y las noticias colocadas en el espacio superior de cada página; en una revista, el tema más importante será el de la portada).

El diseño en los diarios digitales también debe ofrecer criterios de jerarquización de los contenidos. Cuenta con un número mucho mayor de recursos, ya que puede complementar el texto escrito con animaciones, vídeos o registros sonoros. Cada diario tiene una plantilla específica a la que debe someterse el periodista. La regla de oro es la de poner todos los recursos al servicio de la información y tener formatos abiertos en los que sea posible modificarla y ampliarla de forma continua. Asimismo, debe establecer una interacción con sus lectores que lleve, incluso, a aceptar su colaboración noticiosa (periodismo participativo).

Uno de los aspectos importantes en los diarios digitales es que no sólo ofrecen información, sino que se han constituido en una gran *plataforma de servicios*: pronóstico del tiempo, cartelera de espectáculos, reserva de restaurantes o compras de pasajes de avión. A pesar de ello el diseño debe priorizar la información y huir de ofrecer enlaces innecesarios o recursos «centrífugos» que cada vez se alejan más del meollo central del hecho.

Los aspectos formales de la información han adoptado una importancia progresiva en los últimos tiempos, hasta el punto de que en demasiadas ocasiones los medios han sustituido la importancia otorgada a los contenidos por una preocupación obsesiva por la presentación de dichos contenidos. Este detrimento del fondo a favor de la forma es un aspecto negativo que, si no se controla, puede deteriorar el ejercicio y las funciones del periodismo.

Capítulo 4

CONCEPTO Y ESTRUCTURA
DE LA NOTICIA

La estructura de la noticia directa ha sido concebida para su-
ministrar la máxima información en el menor tiempo o espacio
posibles. A lo largo del lid y del cuerpo se responde a las pre-
guntas: qué ha sucedido, quiénes son sus protagonistas, dónde,
cuándo y por qué ha sucedido. La noticia de creación no sigue
estas pautas, porque incorpora nuevas formas de narración y
lenguaje en periodismo.

Es muy difícil empezar a redactar una noticia sin tener un esquema mental de la misma, un guión que quizá se modifique a lo largo de la redacción, pero que, en cualquier caso, será siempre necesario. Hay dos preguntas importantes al iniciar la redacción de cualquier noticia: qué quiero decir y a quién. La mayoría de los acontecimientos son complejos, se producen dentro de un determinado contexto y pueden enfocarse de muchas formas diferentes. Además, no es lo mismo informar sobre el descubrimiento de un satélite artificial a un público masivo que a un sector especializado, ni se describe un accidente ferroviario del mismo modo para una agencia de noticias internacional (donde la noticia ocupará pocas líneas) que para el diario de la localidad en que se ha producido (donde posiblemente merecerá los titulares de portada y un amplio despliegue informativo).

4.1. Apuntes para una historia

Si se preguntase a más de un periodista sobre la estructura que emplea al confeccionar sus noticias, posiblemente se quedaría sin contestar o respondería con generalidades. Según Fox, «se

da por sobreentendido que los periodistas dominan el arte de
escribir noticias. Pero cuando lo hacen adoptan más o menos
un cliché fijo que sólo procuran innovar algunos. La mayoría,
sin embargo, suele ignorar las formas que han configurado y
están continuamente configurando las noticias» (Fox, 1977,
pág. 10).

Las fuerzas que han modificado sustancialmente la estructura de las noticias han sido, por una parte, el desarrollo tecnológico y, por la otra, la interacción de las formas con los
distintos medios de comunicación. «Si el teléfono acortó la
frase —dice Marshall McLuhan—, la radio acortó la noticia y
la televisión introdujo una nueva forma de hacer periodismo.»
Los avances tecnológicos han sido uno de los principales factores que han modificado la estructura de la noticia y en ese
aspecto Internet ha supuesto una auténtica revolución, como
se verá más adelante. En los comienzos de la prensa escrita no
existía el concepto de *información* tal como se entiende actualmente. Se consideraba que el lector leía todo el periódico y
que por lo tanto no era necesario ordenar las informaciones
para acrecentar su interés. Posteriormente, ya iniciado el siglo XIX, las innovaciones técnicas en la imprenta consiguieron
una mejor impresión y los periódicos tuvieron un aspecto más
atractivo. Sin embargo, el material que publicaban estaba
constituido por artículos y comentarios cuyo fin era más doctrinario que informativo. En 1840, con la aparición del telégrafo, las noticias sufren el primer cambio profundo en su estructura.

La importancia de la aparición del telégrafo pasó, en un
principio, inadvertida para los periodistas. El nuevo medio no
representó ningún problema para la prensa mientras sus mensajes se transmitieron en clave. Los problemas empezaron
cuando el material transmitido por el telégrafo pudo descodificarse e interpretarse. En un principio, el boletín de noticias

telegráficas se publicaba en una columna fija en los diarios. Los telegramas no se redactaban, y aparecían tal y como se transmitían por el nuevo medio. Pero, poco a poco, se produjeron dos variantes. En un primer momento, la acumulación de material informativo hizo necesario ordenar los datos a la hora de escribirlos para conseguir redactar en el mínimo espacio el máximo de acontecimientos. Posteriormente, se vio la necesidad de ordenar ese material en función de su importancia.

4.1.1. *Nace la pirámide invertida*

Durante algún tiempo, coexistieron las informaciones que provenían del telégrafo y las que se recogían por métodos más tradicionales (reporteros, articulistas...). Sin embargo, la guerra de Secesión norteamericana iba a modificar sustancialmente la estructura de los periódicos. Los corresponsales en los campos de batalla iniciaron una nueva forma de escribir y de enviar noticias. Después de una contienda importante, los corresponsales pedían preferencia al encontrarse en las oficinas del telégrafo. Para ganar tiempo no daban su opinión ni suministraban excesivos detalles al transmitir las noticias; intentaban informar de los acontecimientos más importantes.

Ante esta situación, los operadores de telégrafos idearon un método para dar preferencia a todos los corresponsales a la vez. El sistema consistió en hacer una rueda de informadores en la cual cada uno podía dictar un párrafo, el más importante, de su información. Al acabar el turno se iniciaba el dictado del segundo párrafo, y así hasta el final. Había nacido la *pirámide invertida* de la noticia, método que sigue vigente hoy en día. En ella, el núcleo de la información, lo más importante, se pone al principio, en el denominado *lid*, y los detalles que complementan la noticia se explican a continuación en orden de mayor a menor importancia hasta el final. La pirámide invertida sirve para ayudar al lector a seleccionar los datos más importantes de cada noticia.[1]

Tras el invento del teléfono (que puso en contacto a los periodistas con todo el mundo sin moverse de la redacción) y de la máquina de escribir (que conseguía textos perfectamente legibles), uno de los pasos más importantes en la historia de la estructura interna de las noticias lo supuso la invención del teletipo. El teletipo fue un invento, suma del telégrafo y la máquina de escribir, que a partir de 1913, fecha de su aparición, enviaba a los periódicos las noticias perfectamente impresas y estructuradas, dispuestas para la titulación si era necesario. La noticia del teletipo, desde un principio, fue redactada con la técnica de la pirámide invertida.

---

1. En 1880, la agencia de noticias Associated Press dio instrucciones a sus periodistas sobre cómo estructurar todos los datos importantes de una noticia. Uno de sus redactores, J. P. Dunning, escribió uno de los lids más clásicos de la historia del periodismo al describir así el huracán de Samoa del año 1889: «Apia, Samoa, marzo, 30: El huracán más violento y destructivo jamás conocido en el sudeste del Pacífico pasó sobre las islas de Samoa el 16 y 17 de marzo, y como consecuencia una flota de seis barcos de guerra y otros diez navíos embarrancaron en los arrecifes de coral en el puerto, o en la playa, frente a la pequeña ciudad de Apia, y ciento cuarenta y dos oficiales y hombres de las flotas americana y germánica duermen desde entonces para siempre bajo los arrecifes o descansan enterrados en tumbas desconocidas a miles de millas de sus países de origen». Este lid puede considerarse ahora excesivamente farragoso. Sin embargo, fue durante mucho tiempo un modelo de estilo para quienes pretendían sentar las bases del moderno periodismo.

4.1.2. *El mundo en seis respuestas*

Cuando se produce un acontecimiento, el periodista se encuentra ante los siguientes elementos: un hecho que implica que ha ocurrido algo, generalmente a alguien, en un determinado lugar, en un espacio de tiempo, con unas características y debido a unas causas. Las respuestas a todos esos elementos en un texto elaborado para ser difundido por los medios convierte el acontecimiento en noticia. Para dar forma periodística a un hecho o acontecimiento, el informador formula cinco preguntas clásicas en el mundo periodístico, denominadas las *cinco W* por su raíz anglosajona: *qué* (*what*) ha sucedido; *quiénes* (*who*) son sus protagonistas; *dónde* (*where*) ha sucedido; *cuándo* (*when*) ha sucedido, y *por qué* (*why*) ha sucedido. Una última pregunta, el *cómo* ha sucedido, puede responderse en el qué o el por qué, aunque a veces tiene entidad por sí misma.

La actualidad periodística existe en relación a la respuesta que el periodista obtiene de las seis preguntas, cuya explicación es la siguiente.

a) *Qué*: implica los acontecimientos, las acciones e ideas de las que va a informar la noticia.

b) *Quiénes*: son los protagonistas, sus antagonistas, y, en definitiva, todos aquellos personajes que aparecen en la noticia.

c) *Cuándo*: sitúa la acción en un tiempo concreto, señala su inicio, su duración y su final.

d) *Dónde*: delimita el espacio del desarrollo de los hechos.

e) *Por qué*: explica al receptor las razones que han motivado el acontecimiento, sus antecedentes, etc. Además, introduce en muchos casos elementos de valoración que superan la simple descripción de los acontecimientos.

f) *Cómo*: describe las circunstancias y las modalidades que han revestido los hechos.

A pesar de que las *W* pertenecen a la más tradicional escuela norteamericana de periodismo, su verdadero origen se encuentra en la retórica clásica. En sus *Institutiones oratoriae*, Quintiliano se plantea las mismas preguntas que el periodista actual como método para responder a toda causa posible de un discurso. Según la retórica, las fases de elaboración, producción y representación en público del discurso comprenden: la *inventio* (o proceso productivo-creador); la *dispositio* (el orden de las ideas y pensamientos que hemos encontrado gracias a la *inventio*); la *elocutio* (traslada al lenguaje las ideas halladas en la *inventio*); la memoria (memorizar el discurso), y la *pronuntiatio* (ejercitarse en la oratoria). Las tres primeras son las que se desarrollan a través de las seis preguntas.[2] La respuesta a estas preguntas debe hacerse a lo largo de la noticia, a través de una determinada estructura.

4.2. Estructura de la noticia: lid y cuerpo

Cuando se tiene claro qué se quiere decir y a quién, se puede empezar a hablar de la estructura interna de la noticia propiamente dicha. Consta de dos elementos básicos:

a) el *lid* o núcleo fundamental de la noticia;
b) el *cuerpo,* que explica la noticia.

2. El profesor Luis Núñez Ladevéze analiza con más detenimiento los paralelismos entre los elementos de la retórica clásica y los de la noticia periodística en sus libros *El lenguaje de los media*, Madrid, Pirámide, 1979, pág. 191 y sigs., y *Manual para periodismo* (en colaboración con Josep Casasús), Barcelona, Ariel, 1991, págs. 212-213.

El lid es el primer párrafo de la noticia y su parte fundamental. En él deben hallarse los datos más importantes que la
configuran. Todo lid necesita cumplir dos requisitos: a) explicar la esencia del acontecimiento; y b) captar la atención del
receptor. Toda noticia puede tener muchos elementos, muchas facetas, pero en el lid sólo puede aparecer lo más importante; el resto constituirá el cuerpo. Es importante tener esto
en cuenta, porque muchos periodistas consideran errónea-
mente que el lid debe ser un resumen de las *W*, con lo que
convierten el primer párrafo de la noticia en un texto farragoso y difícil de leer.

A partir del lid, que contiene el núcleo fundamental de la
noticia, el cuerpo de la noticia se desarrolla con el resto de
datos del acontecimiento. Debe contener los siguientes elementos:

a) los datos que explican y amplían el lid;
b) la explicación de datos que ayudan a situar la noticia
   dentro de un determinado contexto (si es necesario);
c) un material secundario o de menor importancia (si es
   necesario).

Una de las posibilidades más comunes al redactar una noticia es que deba cortarse. La escasez de espacio (en la prensa
escrita) y de tiempo (en la radio y la televisión) obligan a ello
en muchas ocasiones. Si cada vez que debe cortarse una noticia hay que reescribirla, el proceso informativo no acabaría
nunca. Para solucionar este problema, se adoptó la estructura
de la *pirámide invertida*, mencionada anteriormente, que es el
sistema de redactar una noticia situando los datos más importantes al principio y los menos importantes al final. El método
tiene dos objetivos: por una parte, informar al receptor desde
el principio del núcleo fundamental de la noticia. Por otra, si

es necesario abreviarla, la pirámide invertida facilita la supresión de los últimos párrafos, que son los que contienen la información menos importante.

En los últimos tiempos hay quienes han puesto en cuestión la permanencia del lid como elemento clave a la hora de redactar noticias y muchos han dado por bueno su entierro. Hay una tendencia a explorar nuevos caminos, nuevas fórmulas a la hora de ofrecer las informaciones. Sin embargo, «los muertos que vos matáis gozan de buena salud», como diría el clásico. La era digital ha impuesto la soberanía de las pantallas, no únicamente las del ordenador, sino las del iPad, los teléfonos móviles, etc. Es un hecho que los medios digitales han impuesto una nueva retórica que requiere de una eficacia comunicativa mucho más condensada, con unidades informativas más breves y articuladas entre sí. Esta tarea exige al periodista un dominio de la vertebración interna de la noticia mucho mayor y una sistematización rigurosa en la construcción de los relatos noticiosos en los distintos soportes. Aplicar la estructura de la pirámide invertida, con todas las variaciones que sean necesarias, sigue siendo un excelente ejercicio para ello.

4.2.1. *Noticias simples: con un solo elemento*

Una noticia simple es la que tiene una sola idea básica contenida en el lid. En el caso de las declaraciones de un personaje público, de un accidente aéreo, de la victoria de un equipo de fútbol determinado, la noticia es sencilla: tiene un solo elemento como protagonista.

En una noticia simple, los hechos generalmente se ordenan según su importancia en relación a la idea básica. Melvin Mencher, de la Escuela de Periodismo de la Universidad de Columbia, considera que la noticia simple debe contar con la siguiente estructura (Mencher, 1983, pág. 201):

a) Lid o primer párrafo de la noticia (idea A).
b) Cuerpo:
   — material explicativo (elaboración de la idea A);
   — material secundario (subtemas b, c, d, e...);
   — información contextual (*background*);
   — mayor elaboración de la idea A.

El lid suministra la información fundamental sobre la idea A, pero no la agota. Por lo tanto, el primer párrafo del cuerpo (y, en su caso, el segundo y el tercero) deberán completarla. Sin embargo, la información sobre un hecho suele estar rodeada de otros hechos, conectados de alguna forma con el primero, pero de menor relevancia. Estos hechos constituirán el *material secundario* dividido en subtemas (uno por hecho), que se irán ordenando a lo largo del cuerpo de la noticia.

Por otra parte, un acontecimiento se produce en un contexto determinado (geográfico, histórico, etc.) que ayuda a explicarlo. Un terremoto de la misma intensidad provoca muchos más muertos y daños en un país subdesarrollado que en otro preparado para este tipo de siniestros. La información no puede ignorarlo; además, debe tener en cuenta si el terremoto se ha producido en una zona geográfica donde los movimientos sísmicos suelen ser frecuentes, y por lo tanto previsibles, o en un lugar donde este tipo de fenómenos son inhabituales. Por otra parte, no es lo mismo el estallido de un conflicto entre países con un largo historial de enfrentamientos, que el brote de violencia inesperado en una ciudad donde, aparentemente, reinaba la tranquilidad social. En todos estos casos, es necesario recurrir a la contextualización para explicar mejor la noticia.

La contextualización suele ser de dos tipos: *diacrónica* (explica la sucesión de hechos anteriores a la noticia, relacionados con ella) y *sincrónica* (explica las circunstancias geográficas, políticas, sociales, etc., en las que se produce). Una noticia puede contener varias contextualizaciones.

Por último, a veces se producen hechos relacionados con la idea A que son de menor importancia que los subtemas y, por supuesto, que la contextualización. En ese caso pueden situarse al final del cuerpo: al tiempo que suministran información, remiten de nuevo al núcleo fundamental de la noticia.

La estructura de la noticia tiene algunas variantes en la radio y la televisión. En ambos medios, el lid debe ser breve y sencillo. El texto debe escribirse pensando que va a ser oído y no leído. La noticia en radio debe empezar con una entrada en la que se den los datos más atractivos para despertar el interés del oyente. A continuación, la información se estructura en párrafos breves en los que sucesivamente se dan datos nuevos y se incluye alguno redundante. Por último, se redacta el *cierre* o final. Emilio Prado dice que «la estructura de la noticia radiofónica concluye con un cierre cuyo papel es importantísimo. El cierre recupera lo esencial de la noticia de forma atractiva para fijar el hecho que ha sido transmitido, y para dejar el interés del oyente en una cota elevada que facilitará la atención a la siguiente información, o que dejará el interés por aquel informativo, si es la última» (Prado, 1981, pág. 49).

La noticia en televisión puede ser de tres tipos: la que contiene sólo imágenes; la que contiene imagen y textos leídos por locutores ante una cámara, y la que contiene sólo textos. La redacción de estos textos sigue fundamentalmente las pautas de la noticia radiofónica.

4.2.2. *Noticias con varios elementos: noticias múltiples*

Hay veces en que una información cuenta con varios datos de la misma importancia. La noticia múltiple es la que contiene más de una idea básica en el lid. Su estructura y desarrollo es muy similar al de una noticia con un solo elemento. La complejidad reside en la relación que mantienen los diferentes párrafos del cuerpo de la noticia entre sí.

He aquí el modelo de estructura de la noticia compuesta:

a) Lid (idea A, idea B, idea C...).

b) Cuerpo:

—material explicativo (elaboración de la idea A, de la idea B, de la idea C...);

—material secundario (subtemas d, e, f, g...);

—información contextual (*background*);

—más elaboración de las ideas A, B, C...

Las noticias múltiples pueden tener dos, tres o más ideas básicas en el lid, pero deben presentar algún tipo de relación entre ellas. Aunque cada una de estas ideas tiene un desarrollo propio estructurado a lo largo del cuerpo, han de relacionarse con el de las demás, de manera que las diversas ideas básicas contenidas en el lid tengan una estructura y una comprensión comunes que ayuden a un mejor entendimiento de la noticia.

4.2.3. *Recursos a la hora de redactar las noticias*

Las noticias son textos destinados a ser leídos o escuchados en un breve espacio de tiempo. Es necesario, por lo tanto, conseguir la máxima eficacia comunicativa. Además de su estructura interna, existen unos recursos bastante útiles a la hora de redactar. Las expresiones *estructura interna*, *recurso útil* o *técnicas de redacción* son vistas con recelo por quienes consideran que una normativa excesiva actúa como una especie de corsé de la noticia, que impide una expresión más creativa por parte del periodista y establece un patrón demasiado homogéneo. Sin embargo, actualmente coexisten en los medios diversos estilos, lenguajes y géneros que permiten ofrecer un amplio abanico de posibilidades y diferentes maneras de narrar los hechos. La noticia sigue siendo un texto que cumple una función básica: explicar la máxima información en torno a un hecho, en el menor tiempo o espacio posible, y con la mayor eficacia comunicativa. Para la obtención de estos objetivos, la estructura interna y los recursos de redacción son indispensables.

4.2.4. *El párrafo partido*

Tanto el lid como el cuerpo de la información se estructuran formalmente en párrafos. El párrafo es, según el diccionario, «cada trozo de un discurso o de un escrito que se considera con unidad y suficientemente diferenciado del resto para separarlo con una pausa notable o, en la escritura, con un punto y aparte». El propósito del párrafo es desarrollar una idea simple. Constituye una unidad de composición primaria.

En la prensa escrita nos encontraremos con un inconveniente. Las columnas de los periódicos suelen tener una anchura de pocos centímetros. Ello hace que un párrafo que conste de seis o siete frases se convierta en una masa gris de letras que resulta de muy difícil lectura. En el caso de la radio y la televisión es todavía más evidente: un párrafo excesivamente largo impide esa pausa necesaria para la mejor comprensión de lo que se acaba de oír y sobre lo que no se puede volver (al contrario de lo que ocurre con la prensa).

El párrafo partido está pensado para facilitar la comprensión de la noticia, pero tiene otra misión: la de permitir al periodista añadir a la noticia los nuevos datos que se produzcan antes de publicarse o emitirse. En efecto, sustituir un párrafo por otro o añadir uno nuevo es más sencillo que rehacer toda la noticia. Por otra parte, si se tiene que cortar una noticia resulta mucho más fácil eliminar un párrafo entero que cortar determinadas frases.

4.2.5. *El uso de transiciones*

El empleo del párrafo partido exige dos cosas: a) la previa estructuración y ordenación mental de los acontecimientos, a partir de la cual se elaborarán las frases y los párrafos; y b) establecer una relación entre los distintos párrafos para que no resulten inconexos. La primera se ha tratado al hablar de la idea básica de la noticia y su posterior desarrollo. La segunda requiere, a su vez, el empleo de dos elementos: a) las palabras y frases de transición, y b) las palabras llave.

Las palabras y frases de transición tienen como objetivo dar continuidad y coherencia a la noticia a través de sus distintos párrafos. Se suelen colocar al principio de la frase. Sirven tanto para dar una continuidad al párrafo precedente como para introducir una nueva idea. También se utilizan para dar paso a la información contextualizada.

Son palabras de transición: *pero, consecuentemente, asimismo, aunque, además, antes, después, también, finalmente...* Son locuciones de transición: *sin embargo, mientras tanto, por otra parte, al mismo tiempo, por otro lado, a menos que, como consecuencia, como ejemplo, por último...*

Otro de los recursos que tiene el periodista para advertir al receptor de que, dentro de la noticia, empieza una nueva idea, es escoger una palabra llave y situarla al principio de la frase.

La palabra llave está conectada con la idea que empieza y rompe la continuidad de la idea precedente. Al mismo tiempo, forma parte del contexto general de la noticia; es decir, sirve para enlazar un nuevo aspecto dentro de la idea básica. El empleo de palabras llave hace que el estilo de la noticia sea más directo y sirve para situar desde el primer momento al receptor en el nuevo giro que adopta la información.

4.3. Tipos de noticias

Hay varias clasificaciones sobre los diferentes tipos de noticias. En general, difieren poco unas de otras. A pesar de los años sigue siendo pertinente la del profesor Paul V. Sheehan (1972) que las divide así: noticias de sumario, noticias cronológicas, noticias de situación, noticias complementarias, noticias de colorido y noticias de interés humano. Como toda clasificación, no es exhaustiva y puede ampliarse; sin embargo, las posibilidades que abarca son grandes y sirven para establecer un marco relativamente cómodo a la hora de redactar.

4.3.1. *Noticias de sumario*

Hay informaciones que incluyen varios sujetos porque cada uno de ellos por separado no merece la extensión de una noticia. Las noticias de sumario son las que informan sobre diferentes temas que provienen de una única fuente informativa. Suelen utilizarse, por ejemplo, para dar a conocer las distintas decisiones de un solo organismo (Consejo de Ministros, pleno municipal, claustro de Universidad, etc.). La utilización o no de una noticia de sumario depende tanto de las necesidades del espacio como de la política de redacción y estilo del medio.

Hay medios que prefieren incluir múltiples noticias cortas, mientras que otros prefieren una reelaboración. En cualquier caso, la noticia de sumario suele facilitar la tarea del receptor, que con ella ve agrupados distintos tipos informativos en el contexto en que se han producido.

4.3.2. *Noticias cronológicas*

Una noticia casi nunca se escribe siguiendo un orden cronológico. Sin embargo, hay algunas excepciones. La cronología suele utilizarse como complemento de noticias que así lo requieren, como las que explican datos biográficos de una persona. Otra de las modalidades que adopta es la de servir de complemento a una información principal, haciendo hincapié en una determinada sucesión de fechas (por ejemplo, si la noticia trata de la erupción de un volcán es oportuno citar las fechas de las erupciones anteriores).

La noticia cronológica no siempre se basa en fechas concretas. Hay veces en que el periodista prefiere escribir una acción al ritmo del tiempo en que se ha producido, como si se tratase de una secuencia cinematográfica. En general, se utiliza este recurso cuando la sucesión de los hechos y su desarrollo cronológico constituyen un sujeto informativo en sí mismo.

Otra de las formas que adopta la noticia cronológica es la que Sheehan denomina el «orden del uno, dos, tres». Consiste en explicar, siguiendo el orden de exposición, los puntos más importantes de un discurso, conferencia, rueda informativa, etc. («Rigoberta Menchú, premio Nobel de la Paz, empezó su conferencia con estas palabras: "El mundo tendrá que acordarse de los oprimidos". Acto seguido dijo que...»). No es una fórmula idónea, ya que el desarrollo lineal de un acto suele carecer de interés (un conferenciante no suele decir lo más importante al principio de su charla, sino más adelante), y resulta mucho más útil para el receptor que el periodista realice la tarea previa de sintetizar los aspectos más relevantes y ordenarlos según su importancia. Sin embargo, es un recurso socorrido que adoptan muchos profesionales que no han tenido tiempo o ganas de reelaborar la información.

4.3.3. *Noticias de situación*

Los medios suelen incluir en su temario un tipo de noticias que, aunque no son de estricta actualidad, tienen una presencia constante en la sociedad. Temas como el paro, el aumento de la delincuencia infantil, la discriminación o la droga, pueden tratarse en cualquier momento porque son noticia por sí mismos, al margen de múltiples hechos que continuamente certifican su permanencia. Puede hablarse del hambre en África o de la desertización del planeta sin tener que referirnos a un acontecimiento en concreto.

La noticia de situación es la que suele hablar de todos estos temas y suele hacerlo a caballo entre la prevención y la denuncia, que es el papel que le asignan los medios. Tiene una estructura un tanto peculiar: a partir del lid combina las informaciones básicas y suplementarias con una gran dosis de información contextualizada (*background*). A menudo emplea el formato de informe, combinando el estilo informativo con el de narración, y, por lo tanto, puede no respetar el esquema de la pirámide invertida. Un ejemplo de noticia de situación es el siguiente:

Entre el 10 y el 15 % de los niños y niñas en edad escolar sufren dislexia o algún problema de aprendizaje. Alrededor del 50 % de los fracasos escolares son la consecuencia de estos trastornos.

«Lo fundamental es diagnosticarlos cuanto antes para evitar la marginación y el fracaso en la escuela», explica Sandra Marone, presidenta de la Asociación de Padres de Niños con Dislexia y otras Dificultades de Aprendizaje (DDA), creada hace ahora tres años con el objetivo de alertar a padres y educadores ante el problema. Esta asociación, junto con las otras trece que integran la Asociación Europea de la Dislexia, ha declarado 1993 Año Internacional para la Detección Precoz de la Dislexia.

4.3.4. *Noticias complementarias*

La noticia complementaria es la que completa a otra noticia principal. Suele ir colocada al lado o muy cerca de la noticia importante. Explica anécdotas, testimonios directos, recuerda hechos, cronologías, etc. Pretende dar los diferentes ángulos de un acontecimiento. La noticia complementaria podría formar parte del cuerpo de la noticia, pero a cambio de alargarla demasiado. Se utiliza tanto para realzar distintos aspectos de la información principal como para facilitar su lectura. Por ello, una noticia principal puede contar con varias noticias complementarias.

4.3.5. *La noticia espacial*

Hay ocasiones en que un acontecimiento se desarrolla simultáneamente en distintos lugares geográficos. Por ejemplo, en una olimpíada hay competiciones que se celebran al mismo tiempo en lugares que distan entre sí muchos kilómetros. Cuando el periodista informa del desarrollo global de los juegos, aporta información tanto de un lugar como de otro. También se habla de noticia espacial cuando un mismo tema se trata desde diferentes lugares:

Los recursos forestales del plantea se reducen cada año en un
5 %. La tala indiscriminada de árboles en el Amazonas, la lluvia
ácida en Europa y la sequía en África entre otras causas destru-
yen miles de árboles necesarios para el equilibrio ecológico.

4.3.6. *La noticia de interés humano*

La noticia de interés humano es la que apela fundamentalmente a la emotividad del lector. Hay dos tipos: las que contienen
determinadas dosis de interés humano y las que son fundamentalmente noticias de interés humano. En las primeras, el
interés humano se incorpora como una información suple-
mentaria: el comentario jocoso de un primer ministro en la
noticia de una reunión cumbre, o la descripción de las lágri-
mas del perdedor de unas elecciones. Las segundas constituyen por sí solas un elemento de interés humano y buscan sobre todo la subjetividad del receptor: niños perdidos, animales
abandonados que regresan al lado de sus dueños, el encuentro
entre hermanos desconocidos hasta el momento, etc. Los sujetos que trata la noticia de interés humano son muy variados.
Muchas veces son historias menudas espigadas del aparente
anonimato de la vida cotidiana.

No hay normas fijas para escribir una noticia de este tipo.
La única válida es la de captar al público hasta convertirlo
en coprotagonista de la historia. De hecho, la noticia de interés humano se encuentra en la frontera de la división entre
las noticias directas y las noticias de creación. He aquí un
ejemplo:

Elton John, el cantante y compositor británico, de cuarenta y
siete años, tuvo que suspender el concierto que se celebraba el
viernes en Melbourne al ser atacado por una plaga de langostas.

El músico abandonó el escenario mientras realizaba gestos desesperados con los brazos y las piernas para quitarse de encima los insectos. Las langostas, atraídas por las luces del escenario, se metieron en la boca, el pelo y la ropa del cantante.

4.4. Noticias directas y noticias de creación

La noticia directa es la que tiene como objeto informar, es decir, transmitir el acontecer de un hecho actual susceptible de interesar a un público masivo. La noticia de creación pertenece al denominado *periodismo informativo de creación* (PIC)[3] y suele cumplir tres objetivos: a) entretener al lector; b) complementar la información de la noticia directa; y c) incorporar nuevas formas de narración y lenguaje en periodismo.

La noticia de creación rompe la estructura de la noticia directa. Es un relato informativo que se puede desarrollar con gran libertad de expresión. Utiliza anécdotas, descripciones, diálogos, etc., y sigue una tradición histórica que tiene sus precedentes en los relatos novelados de la actualidad informativa que tuvieron gran auge en Estados Unidos a finales del siglo pasado.[4] En un principio, se consideraba que la noticia de creación era sinónimo de la llamada «prensa de entretenimiento», y tenía como temas sucesos curiosos, de interés humano, hechos menores descritos de forma amable y relajada (los denominados *features* en el periodismo anglosajón). Sin embargo, con la influencia de la prensa alternativa *under-*

3. El concepto periodismo informativo de creación fue acuñado por los profesores Albert Chillón y Sebastián Bernal, del Departamento de Periodismo de la Universidad Autónoma de Barcelona.

4. El periodista norteamericano Charles Dana fue uno de los primeros (y el más importante) que introdujo relatos de interés humano en el periódico The New York Sun hacia 1860.

ground y, sobre todo, con la aparición del «nuevo periodismo» hacia 1965, la noticia de creación entra en el campo de la noticia directa y pasa a narrar todo tipo de temas.[5]

Chillón y Bernal afirman que el periodismo informativo de creación no es la mera y última manifestación de una tendencia más o menos actual del periodismo, ni tampoco una moda perecedera. Se trata de una práctica del mejor periodismo escrito (el PIC tiene sus manifestaciones más brillantes, aunque no las únicas, en la prensa) presente a lo largo de toda su historia, desde que en el siglo XVIII y posteriormente en el XIX se generalizó la difusión colectiva de informaciones a través de la prensa.

Los trabajos informativos de creación son textos eminentemente informativos, confeccionados y transmitidos a la audiencia con la finalidad primordial de informar acerca de los acontecimientos de actualidad periodística. En ese sentido, se asemejan a los textos informativos convencionales. Sin embargo, los PIC están escritos con una preocupación importante por la estética del lenguaje, que les confiere brillo, calidad narrativa, cadencia y amenidad. Son a la vez textos descriptivos, narrativos y argumentativos, y tienden a responder a las seis preguntas fundamentales. Desde un punto de vista formal

---

5. El «nuevo periodismo» postuló una libertad expresiva más allá de moldes manidos, a caballo entre la literatura y el periodismo, libertad que se basaba en cuatro recursos de escritura: a) la construcción escena por escena del hecho, basada en el relato de éste como secuencias cinematográficas; b) registrar el diálogo en su totalidad, en lugar de emplear el uso convencional de las citas; c) emplear el punto de vista en tercera persona: la técnica de presentar cada escena al lector a través de los ojos de un personaje particular, para dar la impresión de estar metido en la piel del personaje y de experimentar la realidad emotiva de la escena tal como él la está experimentando; d) la descripción detallada y exhaustiva de los personajes, situaciones y ambientes de cada escena.

rompen los géneros periodísticos tradicionales —ya que no están construidos siguiendo la estructura de la pirámide invertida— y la ley del interés decreciente. Los periodistas utilizan diversos puntos de vista narrativos, emplean por lo común la técnica de transcripción del diálogo en su totalidad y la técnica del retrato global del personaje y de su entorno y, por lo general, huyen del lenguaje estereotipado, siendo su escritura frecuentemente innovadora.

Los textos informativos de creación suscitan en el lector nuevas imágenes sobre la realidad, no convencionales, más o menos imprevisibles y, en cualquier caso, enriquecedoras y hasta heterodoxas. En ellos, el periodista reivindica y explicita su propia subjetividad: «No es que el PIC sea *subjetivo*, a diferencia del periodismo informativo convencional, supuestamente *objetivo*, sino que la subjetividad es una cualidad común a todo periodismo y, por ende, a todo acto de aprehensión y transmisión de la realidad [...]. Los únicos —y considerables— méritos de los periodistas que practican el PIC en sus diversas variantes consisten en explicitar esa subjetividad insoslayable, y, en ciertos casos, en reivindicarla y concebirla como deseable» (Bernal y Chillón, 1985, pág. 101).

A pesar de que tratan todo tipo de temas, lo cierto es que los diarios tienen una tendencia (que empieza a quebrarse) a situar los textos informativos de creación en las páginas dedicadas a las secciones de Cultura, Espectáculo, Contraportada, Sociedad y el suplemento dominical, es decir, las secciones donde, según la valoración de la inmensa mayoría de los diarios, no se ofrece la información considerada fundamental.

No hay fórmulas específicas para escribir una noticia de creación; sin embargo, hay dos requisitos previos: conocer a fondo el lenguaje y saber narrar. Una característica fundamental es que está construida como un todo en el que cada elemen-

to de la historia desempeña un papel preciso, no tan determinado por la estructura externa como por la coherencia interna
del relato. Una noticia de creación ni rehúye los datos ni los
colecciona. El único objetivo es interesar al receptor e intro-
ducirlo en el relato. He aquí, como muestra, un fragmento que
describe la actuación de los cantantes Simon & Garfunkel en
Madrid bajo el título «Fátima vallecana»:

> Parece un ejército de fieles que acudiera a presenciar un milagro.
> A partir de las siete de la nubarrada tarde, el estadio del Rayo
> Vallecano es una fortaleza sitiada de amor. Han recargado los
> mecheros de gas. Traen frasquitos de perfume, bocadillos vegeta-
> les, botas de sangría, prismáticos y caramelos de naranja y miel.
> Llegan de todos los rincones de España: en autobús, en metro, a
> caballo o a pie. Los habitantes de Vallecas sospechan que, de un
> momento a otro, surgirá el grupo portador de la Virgen de las
> Lágrimas.
>
> No surge. Pero las miradas se animan al ver pasar a la señora
> Robinson, ayudada por María José Cantudo y María Kosty, las
> chicas del bingo. Llegan poco después Kathy, Susie, Cecilia, y
> numerosos ministros y ejecutivos disfrazados de Ignacio Camu-
> ñas, cientos de japoneses, la colonia norteamericana de Torrejón
> de Ardoz, monjitas sin hábito, dos que pudieran ser Zoco y Ma-
> ría Ostiz, la ovejita lucera, el cóndor y un sinfín de seres con los
> labios amoratados de ensayar tanto ante el espejo lo que van a
> murmurar, con jubilosa carne de gallina, a lo largo de la noche:
> *¡demasiao!*
>
> Y no faltan nostálgicos de ley, curiosos irredentos, gente
> maja, minusválidos, parejitas de divorciados que vuelven a en-
> contrarse, tipos propensos a la levitación, angelotes del limbo
> que no anegó otro mayo.
>
> Un sordomudo percibirá en su silencio beatífico las estrofas
> más emotivas del «Venid y vamos todos». Con el santo y seña de
> lo acallado entran devotamente en la cueva, donde huele a salvia,
> perejil, romero y tomillo.

Iluminados de un azul sobrenatural, Simon & Garfunkel abren un paraguas dulcísimo contra las amenazas del Maligno. Es el milagro. Los peregrinos caen en éxtasis, encienden sus mecheros, se dejan mecer por la melodía del más allá, entonan plegarias ardientes.

El escenario es un pesebre navideño. Falta sólo un abeto (José Miguel Ullán, *El País*, 27 de mayo de 1982, pág. 39; citado por Chillón y Bernal, 1985).

Capítulo 5

LENGUAJES Y ESTILOS PERIODÍSTICOS

Existen relaciones entre la literatura y el periodismo, aunque sus objetivos son diferentes: el segundo explica hechos sucedidos en la realidad y la primera narra hechos de ficción. El lenguaje periodístico es un lenguaje mixto, que busca la eficacia comunicativa y que, cada vez más, está sujeto a las normas de los libros de estilo.

Hay un aspecto en el que coinciden todos los estudiosos del periodismo: los periódicos (impresos y digitales) se escriben, fundamentalmente, para que los textos se entiendan de forma rápida y eficaz. Lo mismo ocurre con los textos escritos para radio y televisión. Dicho de otra manera, el objetivo del estilo periodístico es captar al lector, interesarle y retenerle. Se trata de un estilo caracterizado, básicamente, por los fines informativos que persigue —la transmisión de noticias— y las exigencias del destinatario o receptor.

Los medios no utilizan una sola forma de expresión literaria, no hay un único estilo periodístico. Es evidente, sin embargo, que sus rasgos diferenciales se derivan directamente del estilo informativo. El estilo de solicitación de opinión es el que se emplea en comentarios o editoriales y tiene como objetivo convencer, persuadir o conmover el ánimo del receptor. Por su parte, el estilo ameno es el más libre, ya que su único fin es entretener, pero aun así, tiene que cumplir con la exigencia básica del periodismo: que lo entienda el público a quien se dirige.

Cuando se habla de estilo periodístico también hay que tener en cuenta el factor *tradición*, es decir, el modo en que se viene escribiendo para los medios desde la aparición de la denominada información de actualidad. La causa de que exista hoy una forma de expresión sui géneris a la que se llama estilo periodístico hay que buscarla en la necesidad que tuvieron históricamente determinados escritores de adecuar las formas de expresión literaria de su época al principal objetivo de toda actividad profesional periodística: transmitir noticias con economía de tiempo y de espacio.

5.1. Diferencias entre literatura y periodismo

La relación entre el estilo periodístico y el estilo literario, o lo que es lo mismo, entre literatura y periodismo, ha provocado grandes polémicas a lo largo de la historia. Para unos se trata de ámbitos totalmente diferentes, con objetivos distintos; para otros, el uno es secuela del otro; finalmente hay terceros que opinan que se trata de dos ámbitos diferentes que siempre han tenido y tendrán puntos de contacto.

La primera diferencia entre periodismo y literatura es que el primero tiene, por lo menos en teoría, la misión de explicar hechos sucedidos en la realidad, y la literatura tiene como norma explicar hechos de ficción. Sin embargo, hay periodistas que construyen sus textos utilizando técnicas extraídas de la novela, y encontramos a novelistas que construyen sus novelas a partir de hechos sucedidos en la realidad. No hay más que recordar a figuras como Truman Capote o Norman Mailer.

· Los conceptos de *lenguaje periodístico* y *lenguaje literario*, pues, son amplios y vagos, porque se refieren a esas entidades tan complejas llamadas periodismo y literatura. Se trata, en efecto, de dos procesos comunicativos muy diferenciados en todas las funciones de la comunicación. El profesor Lázaro Carreter enunció algunas de las diferencias más importantes que pueden hacerse:

a) Al escritor no le urgen necesidades prácticas inmediatas; en el periodismo son acuciantes (un escritor puede
pasarse años escribiendo una novela; el periodista tiene
que realizar su trabajo en un plazo de tiempo breve e
improrrogable).[1]

b) El escritor se dirige a un receptor universal, sin rostro;
el periodista, aunque el periódico tenga una vasta audiencia, escribe para receptores bastante concretos, cuyo
núcleo suele ser fiel y escasamente variable.

c) El mensaje literario actúa sin límites de espacio y de
tiempo; el periodista pierde eficacia y se desvanece fuera
de las precisas coordenadas espacio-temporales que definen la actualidad (un ensayo puede ocupar mil páginas
y seguir teniendo vigencia siglos después de haber sido
escrito; el periodismo muere cada día, incluso cada hora,
y debe contenerse en un espacio y tiempo rígidamente
impuestos).

d) Al lector de literatura no suelen guiarle necesidades uti-
litarias, bien al contrario de lo que ocurre cuando se
convierte en lector de prensa informativa.

e) A diferencia de lo que sucede con las obras literarias, las
cuales actúan en situación de lectura sumamente diversa
para cada lector (como resultado de la falta de un contexto necesariamente compartido por el emisor y el receptor), el periodista y sus lectores viven por fuerza en
unas mismas circunstancias de espacio y de tiempo.
Prácticamente, cada día reanudan el contacto comunicativo interrumpido el día anterior.

f) El periodista no puede desentenderse del desciframien-
to que se haga de su escrito, por el carácter pragmáti-
co de sus mensajes. Ha de esforzarse en eliminar por su

---

1. Los paréntesis son míos.

parte lo que en teoría de la comunicación se llaman *ruidos*, es decir, perturbaciones en el circuito (una noticia que no se entiende es un fracaso periodístico). Tales perturbaciones, por el contrario, son elementos de gran importancia para la existencia de la comunicación literaria (los escritores pueden realizar experimentos con el lenguaje, aunque hagan la lectura más difícil).

g) Por fin, a la altiva y a veces dramática soledad del escritor, que cuenta teóricamente con toda la libertad que quiera tomarse como único límite a la hora de escribir, cada periodista compromete con su labor a los otros periodistas con quienes colabora para confeccionar el diario. También, pues, por este lado ve mermada su libertad, ya que trabaja solidariamente (Lázaro Carreter, 1977, pág. 11).

Chillón y Bernal realizan algunas matizaciones a las observaciones de Lázaro Carreter. Consideran que la cuestión fundamental no es «la altiva y a veces dramática soledad del escritor», sino que el profesional de la información lleva a cabo su trabajo en un contexto impuesto (la organización interna del medio) que está sometido a normas rígidas de producción.

Esta rigidez y el condicionamiento del espacio y del tiempo imponen un laconismo expresivo que es uno de los factores de diferenciación más importantes entre la escritura periodística y la literaria.

5.1.1. *Códigos de los lenguajes periodísticos*

Los medios, cuando informan, transmiten algo más que palabras. El lector de prensa se encuentra ante una serie de textos situados en un lugar concreto de una determinada página, compuestos con un tipo y tamaño de letra, y acompañados de fotografías, infografías, gráficos, etc. El radioyente escucha unas palabras dichas con una entonación que varía según quién las pronuncie o de acuerdo con el tema que se exponga, acompañadas de silencios o de fondos sonoros. El telespectador recibe la información a través de la imagen, el sonido y la palabra. Sin embargo, el lenguaje del periodismo ha sido siempre un lenguaje mixto, es decir, un lenguaje integrado por diferentes lenguajes simples.

Martínez Albertos adapta a la prensa escrita el análisis que Umberto Eco utiliza para estudiar los mensajes televisivos. En ese sentido, afirma que los sistemas de signos de la prensa escrita están constituidos por los siguientes códigos fundamentales:

a) *El código lingüístico.* Es la lengua literaria (es decir, la que se recoge en textos escritos), culta y correcta de acuerdo con las normas imperantes en una determinada colectividad en un momento dado. Ese código lingüístico incluye las denominadas *jergas especializadas* (utilizadas por científicos, políticos, juristas, etc.) que utilizan normalmente ciertos grupos en relación con un léxico.

b) *El código icónico.* En él hay que incluir los siguientes elementos: confección de las páginas, fotografías, chistes, gráficos y las señales específicamente utilizadas en artes gráficas para acompañar los textos literarios (Martínez Albertos, 1983, pág. 187).

Por su parte, Eliseo Verón descubre en la prensa escrita lo que denomina la *serie visual lingüística* —textos informativos y publicitarios desarrollados de forma lineal y discursiva—; la *serie visual paralingüística* —conjunto de titulares, pies de foto y mensajes publicitarios en los que predomina el componente icónico, chistes integrados por un componente icónico y un componente escrito, gráficos, planos, etc.—; y la *serie visual no lingüística* —recursos tipográficos de la confección de periódicos, fotografías, dibujos y chistes sin acompañamiento literario, elementos cromáticos introducidos en las páginas, etc.— (Verón, 1971, pág. 146).

En la radio, la realidad se manifiesta a través de su expresividad sonora. Mariano Cebrián afirma que el resto de sus componentes quedarán reflejados exclusivamente por las relaciones que tengan con el sonido. La expresividad sonora de la realidad se refiere a todas sus posibles manifestaciones: lenguajes naturales articulados (la palabra); lenguajes armónicos (la música); lenguajes de los animales y lenguajes de las cosas en sus numerosos contactos. La radio es el medio testimonial y documental de tales sonoridades (Cebrián, 1983, pág. 27).

El mensaje informativo en televisión es mucho más complejo, ya que suma la palabra (con elementos propios del lenguaje escrito), el sonido (con elementos propios del lenguaje radiofónico) y la imagen, que tiene sus propios códigos.

Manuel Alonso y Luis Matilla consideran que la información audiovisual está constituida por los siguientes códigos:

a) *Código espacial.* Normalmente no podemos hacer una reproducción visual de todo lo que tenemos ante nosotros, a no ser que nos encontremos en un espacio reducido. Por lo tanto, las imágenes plasman una parcela de lo que los ojos pueden ver. Esa elección del campo de trabajo, junto con el punto de vista desde el que se contempla ese mismo campo (desde arriba, abajo, derecha, izquierda), es lo que denominamos *encuadre.*

b) *Código gestual.* El gesto puede encarnar la representación de una actitud, de una tendencia, de un estado de ánimo, de una intención. El nerviosismo, la alegría o la tristeza, la serenidad, el autoritarismo o la benevolencia, son algunas de las actitudes que pueden expresarse por la composición gestual general.

c) *Código escenográfico.* Los protagonistas principales de las imágenes llevan sobre sí, y tienen en su derredor, toda una serie de aditamentos que ambientan y adjetivan su mera presencia. El vestuario, maquillaje, arreglo personal y objetos de uso del protagonista, así como el ambiente en el que está situado, nos aportarán datos acerca de su personalidad y sus circunstancias temporales, espaciales y de relación social.

d) *Código lumínico.* La luz es uno de los elementos fundamentales de expresión en el mensaje audiovisual. A través de ella podemos transmitir sensaciones e ideas. Por ejemplo, la luz frontal aplasta los objetos contra el fondo. La iluminación posterior permite «separar» las figuras de ese fondo. La iluminación lateral-horizontal u oblicua produce relieve, pero si no es equilibrada e ilumina media cara dejando la otra media en la sombra, acentúa contrastes deformantes e inquietantes, al igual que si se dirige desde arriba o desde abajo. Lo mismo ocurre con los colores. La gama de colores calientes (predominio de rojos y amarillos) suele producir euforia, optimismo, fuerza; y la gama de colores fríos (predominio de verdes y azules) es relajante, pesimista y débil.

e) *Código simbólico.* Cuando la representación usual de una persona o una cosa es generalmente entendida por quienes la ven como representación de algo más amplio que la cosa o la persona concretas, nos encontramos ante un proceso comunicativo de carácter simbólico. Existe una relación analógica entre calavera y muerte, o entre paloma y paz. A partir de ahí, nace la posibilidad de representar gráficamente conceptos, ideas, órdenes, organizaciones: lo inmaterial, en suma.

f) *Códigos gráficos.* La codificación gráfica es aquella que está vinculada directamente a los instrumentos técnicos con los cuales se elabora el mensaje visual. La mediación técnica impuesta por las herramientas de creación determina particularidades formales que matizan o modifican el sentido total de las imágenes obtenidas. Los teleobjetivos, por ejemplo, que tienen un estrecho ángulo de toma, nos proporcionan imágenes «cercanas» desde una situación de lejanía, provocando una sensación de aplastamiento y/o camuflaje de las distancias relativas. La aplicación de un difractor en la lente puede hacer que se difumine el contorno de la fotografía dando lugar al *flou.*

g) *Código de relación.* La disposición de los elementos parciales que constituyen el conjunto pleno de una imagen (figuras, objetos) dentro del espacio determinado por los límites del cuadro, viene a establecer relaciones espaciales entre ellos y puede convertirse en factor de jerarquización y de ordenación en el proceso de examen visual que realizamos los receptores. Por ejemplo, el protagonismo de la figura central se refuerza con la sugerencia de líneas que concentran la atención en ella para conducir la vista del receptor (Alonso y Matilla, 1990, pág. 28 y sigs.).

5.1.2. *Convergencia de medios*

Las tecnologías de la información y comunicación (TIC) en un entorno digital han modificado sustancialmente el periodismo y han dado lugar a lo que se denomina *convergencia de medios*. Ramón Salaverría y García Avilés la definen así:

> Un proceso multidimensional que, facilitado por la implantación generalizada de las tecnologías digitales de telecomunicación, afecta al ámbito tecnológico, empresarial, profesional y editorial de los medios de comunicación, propiciando una integración de herramientas, espacios, lenguajes anteriormente disgregados, de forma que los periodistas elaboran contenidos que se distribuyen a través de múltiples plataformas, mediante los lenguajes propios de cada una. (Salaverría, García Avilés, 2008.)

Para Nora Paul, investigadora del Institute for New Media Studies de la Universidad de Minnesota, Internet se diferencia por las siguientes características:

a) Frente a la centralización de la prensa, la radio y la televisión, Internet es un medio absolutamente descentralizado.

b) Los otros medios se dirigen de uno a muchos. El periodismo en Internet se dirige «uno a uno», «muchos a muchos», «uno a muchos» y «muchos a uno».

c) Los medios tradicionales tienen serias restricciones de tiempo y espacio. Internet es un medio sin límites.

d) Todos los usuarios de los medios tradicionales reciben los mismos contenidos. Los usuarios de Internet pueden recibirlos de forma personalizada.

e) Los medios tradicionales controlan fuertemente sus temarios. En Internet el control es imposible.[2]

---

2. Ponencia sobre «Nuevas formas de contar historias», presentada en el seminario *Tendencias del periodismo digital: el desafío de contar historias*, celebrado en la Facultad de Comunicaciones de la Pontificia Universidad Católica de Chile en mayo del 2005.

La tecnología digital integra en un mismo soporte diarios digitales, canales de radio y televisión, vídeos, fotografías, películas, etc. Si bien cada uno de estos medios tiene sus propios códigos, compartir un mismo espacio (la pantalla) les exige transformarse en lo que se ha denominado *el ciberperiodismo*. De acuerdo con Ramón Salaverría hay tres características clave para definirlo: a) la *multimedialidad*, que supone dotar al medio digital de enormes recursos para explicar las noticias; b) *la hipertextualidad*, una estructura que establece una red de unidades o nodos informativos que están relacionados o enlazados entre sí. El hipertexto permite a un periodista crear los nodos y los enlaces, y ofrece al lector la posibilidad de recorrerlos y navegar entre ellos con plena libertad, sin seguir un orden lineal; y *la interactividad*, que es la posibilidad que tienen los medios de «conversar realmente» con sus usuarios y que permite a los receptores participar en la incorporación y difusión de contenidos noticiosos.

La cultura digital se caracteriza por establecer nuevos lenguajes, nuevas narrativas y nuevos modelos de comunicación que redefinen la relación entre los medios y los usuarios. Las plataformas de intercambio y de distribución de contenidos digitales transforman la manera de consumir medios de comunicación, de informarse y de compartir informaciones, de divertirse, de enseñar y de aprender.

Si lenguaje en periodismo ha sido desde siempre un *lenguaje mixto* en el que todos los componentes tienen un significado que debe contemplarse como un todo (no puede analizarse un titular al margen de la noticia que encabeza, la fotografía que lo acompaña, o el resto de titulares y textos de la misma página; tampoco puede analizarse una información televisada sólo a partir de la imagen, o una información radiofónica sólo a través de la música o la palabra), el ciberperiodismo es un exponente del *lenguaje total* que integra y combina la articulación de los códigos tradicionales con una nueva sintaxis que impone fórmulas propias. El empleo de ese lenguaje tiene un objetivo muy claro (o debería tenerlo): la eficacia comunicativa. En eso no se diferencia de los medios tradicionales.

Cuando se habla de *eficacia comunicativa*, se quiere significar que el periodismo es mediación y tiene que cumplir con las exigencias que toda mediación conlleva. Debe ser accesible al público del medio a fin de ganar posibilidades de difusión. Ciertos rasgos del lenguaje periodístico, como son su concisión, su deseable claridad y precisión, y su rapidez, son imprescindibles para que pueda cumplir su función informativa. Y, por supuesto, su relación con la realidad. Sin embargo el ciberperiodismo plantea nuevos desafíos. Una de las consecuencias del periodismo en red es que ha producido cambios en las relaciones del medio con las audiencias. Para Nora Paul, en la radio, el receptor escucha; en la televisión, mira; en la prensa impresa, lee; en Internet, *hace*. El medio no puede impedir la autonomía del usuario/navegante, que puede entrar en su espacio y abandonarlo segundos después para penetrar en otras aguas mediáticas que le van a llevar quizá muy lejos del rumbo inicial. Muchas veces la huida no se debe a expectativas no satisfechas, sino simplemente al hecho de que la mayoría de los lectores digitales no leen en profundidad, sino escanean. Y eso es algo que los periodistas digitales deben tener en cuenta a la hora de construir sus informaciones si pretenden ofrecer a su público una comprensión global de la noticia.

5.1.3. *Géneros literarios, patrones para la creación*

La historia de la literatura ha estado estrechamente ligada a los denominados géneros literarios. Los géneros son las diferentes modalidades que adopta la creación literaria. Platón ya proponía una clasificación tripartita para ordenar las distintas formas: la *mímesis* —imitación o representación, propia del teatro—; la *diégesis* —narración—; y el *modo mixto* —que era el propio de la epopeya—. Por su parte, Aristóteles realizó una distinción que ha marcado hondamente la historia de la literatura: géneros líricos, géneros narrativos y géneros dramáticos.

Durante mucho tiempo se defendió la idea de que los géneros eran formas literarias *naturales* (*mímesis*, «imitación de la naturaleza») y, por lo tanto, debían someterse a unas reglas rígidas de construcción. Por ejemplo, la tragedia, entre otros requisitos, no podía durar más de una jornada y debía obedecer al principio de unidad de acción. Eso significaba que los géneros eran modelos inamovibles y válidos para siempre. «Así, la vieja distinción entre lírica, épica y dramática responde a la forma en que se presenta la obra literaria. Si se nos cuenta alguna cosa, estamos en el dominio de la épica; si unas personas disfrazadas actúan en un escenario, nos encontramos en el de la dramática; cuando una situación se expresa por un "yo", en el de la lírica» (Kayser, 1961, pág. 445).

En su comparación de los géneros literarios y los periodísticos, Lorenzo Gomis esboza, de acuerdo con varios autores, un breve recorrido por la historia. La Edad Media intentó sistematizar los géneros literarios según cuatro puntos de vista. Según la forma verbal, era prosa o metro; según la forma de la representación, podía distinguirse el *narrativum*, cuando el autor habla en nombre propio, del *dramaticum*, cuando hablan los personajes, y el *mixtum*, en que el autor y los personajes toman la palabra alternativamente; según el grado de realidad de la narración, había *res gesta* o historia, *res ficta* o fábula, y *res ficta quae tarnen fieri potent o argumentum*; y según los sentimientos expresados en las obras, había *genera tragica*, *comica*, *satirica* y *mimica*.

La teoría de los géneros literarios es, pues, un principio de orden: no clasifica la literatura y la historia literaria por el tiempo y el lugar (época o lengua nacional), sino por el tipo de organización o estructura específicamente literarias. La moderna teoría de los géneros es manifiestamente descriptiva. No limita el número de posibles géneros, ni dicta reglas a los autores. Supone que los géneros tradicionales pueden «mezclarse» y producir un nuevo género, como por ejemplo la tragicomedia (Gomis, 1989, pág. 83).

5.1.4. *Géneros periodísticos, corsé de la actualidad*

Durante mucho tiempo se ha considerado que los géneros periodísticos eran las categorías básicas en las que se fundamentaba la expresión del mensaje periodístico, hasta el punto de afirmar que la construcción de la actualidad se produce desde ellos, con ellos y gracias a ellos. «Los géneros periodísticos serían como una red que el colectivo profesional de los periodistas lanza sobre eso que llamamos "el mundo", para racionalizarlo y explicarlo, y la teoría y sus categorías —la de que existen los géneros periodísticos, y la de que son éstos, y no cualesquiera otros—, expresarían ese esfuerzo para conseguir que la malla sea cada vez más fina» (Del Rey, 1988a, pág. 120).

La racionalización que aportan los géneros es una convención. Javier del Rey afirma que la realidad no nos entrega un editorial, una crónica, una noticia o un reportaje. La realidad es algo más modesta y se limita a estar ahí, con los distintos discursos sociales y con los acontecimientos que produce. Lo demás —la noticia, el reportaje, el editorial o la crónica— lo pone el medio para recoger la complejidad de lo que acontece y exponerlo a los receptores. Los géneros periodísticos producen orden y concierto en el material informativo, y avalan la legalidad de la comunicación (Del Rey, 1988a, pág. 116).

Existen dos grandes tipos de géneros periodísticos: los que sirven para dar a conocer los hechos y los que dan a conocer las ideas. La aparición histórica de los géneros periodísticos está estrechamente relacionada con las diferentes etapas del periodismo en cuanto hecho cultural. Según el profesor Ángel Benito, a partir de 1850 el periodismo puede dividirse en tres etapas bien definidas: periodismo ideológico, periodismo informativo y periodismo de explicación.

El *periodismo ideológico* dura hasta el fin de la Primera Guerra Mundial. Es un periodismo doctrinario y moralizante, con ánimo proselitista, al servicio de ideas políticas y religiosas. Desde el punto de vista formal, se trata de una prensa con muy pocas informaciones y muchos comentarios. En esta primera etapa se consolida el género que los sajones denominan *comment*, que podemos traducir por comentario o artículo en sus diferentes variantes, y que nosotros llamamos *géneros de opinión.*

El *periodismo informativo* aparece hacia 1870 como fenómeno definido y coexiste durante un tiempo con el periodismo ideológico. Se apoya fundamentalmente en la narración o relato de *hechos.* Después de la Primera Guerra Mundial se impone en el mundo occidental la prensa informativa, en la que predomina la narración o relato de *hechos* (que los sajones denominan *story*), con una gama de especialidades a las que nosotros denominamos *géneros periodísticos informativos*: noticia, crónica y reportaje.

Después de la Segunda Guerra Mundial aparece un nuevo tipo de periodismo: el de *explicación*. Pretende ocupar un nuevo espacio informativo en el que ya coexisten otros medios de comunicación que informan con mayor rapidez (primero, la radio; después, la televisión). El periodismo de explicación aborda los hechos en profundidad y utiliza equilibradamente los géneros básicos (relato y comentario), situándolos en una nueva perspectiva mediante la cual el lector encuentra los juicios de valor situados de forma inmediata al lado de la narración de los hechos. En ocasiones, los comentarios aparecen incluso dentro de la propia narración o relato, aunque diferenciados tipográficamente. Aparece entonces una variante del género que tiene gran auge en esta etapa: el *reportaje de profundidad* (Benito, 1973, pág. 71).

A pesar de que diversos autores han establecido muchas subdivisiones, lo cierto es que los géneros periodísticos son fundamentalmente cuatro: la noticia, el reportaje, la crónica y el artículo o comentario. La noticia informa con eficacia en cuanto a tiempo y espacio de un hecho nuevo. Para ello emplea un estilo claro, directo, que facilita su lectura.

El reportaje y su modalidad, la entrevista, ofrece más información que la noticia, y, sobre todo, de forma diferente. Introduce al público en el relato de los hechos, y lo implica como si hubiese estado presente. La crónica (de gran tradición en el periodismo español) relata lo que ocurre a lo largo del tiempo en un lugar (crónica local) o sobre un tema (crónica deportiva, de sucesos, etc.).

Por último, el comentario y sus variantes (artículo, editorial) se sitúa a distancia de los hechos, los analiza y los valora.

5.1.5. *Notas diferenciales*

Cuando hablamos de información, reportaje y crónica, nos referimos al denominado *estilo informativo*; cuando hablamos de editorial, artículo o comentario, al *estilo de solicitación de opinión*; y cuando se trata de textos literarios no específicamente periodísticos, como novelas por entregas, cuentos, humor, etc., al *estilo ameno.*

Martínez Albertos estableció las notas referenciales de los géneros periodísticos a partir de cuatro elementos: a) su mayor o menor vinculación a la noticia (o hecho que pretende comunicar); b) su referencia temporal (género ocasional o desarrollado con regularidad periódica); c) su estilo literario; y d) el profesional que tiene encomendada su realización. De acuerdo con dicho análisis, los resultados son los siguientes.

— *La información*: a) es la misma noticia en sus elementos básicos (lid y cuerpo), acompañada de sus circunstancias explicativas; b) es ocasional, no se repite, normalmente no tiene continuidad; c) su estilo literario es sobrio y escueto, objetivo; no hay sitio para el *yo* del periodista; d) es un género escrito por un redactor o reportero.

— *El reportaje*: a) es la explicación de hechos actuales que ya no son estrictamente noticia (aunque a veces pueden serlo), e intenta explicar lo esencial de los hechos y sus circunstancias explicativas; b) es también ocasional, no se repite, no tiene continuidad: un serial es, en realidad, un reportaje único publicado o emitido a lo largo de varios días; c) presenta un estilo narrativo y creador; es el que contiene más puntos de contacto con la literatura; y d) es un género escrito por un reportero.

— *La crónica*: a) es la narración directa e inmediata de una noticia con ciertos elementos valorativos, que siempre deben ser secundarios respecto a la narración del hecho en sí; intenta reflejar lo acaecido entre dos fechas, y de ahí le viene su origen etimológico en la historia de la literatura; b) supone una cierta continuidad por la persona que escribe (corresponsal), por el tema tratado (crónica judicial, taurina, deportiva, etc.), por el ambiente (crónica viajera, enviado especial...), esta continuidad y regularidad se oponen al carácter ocasional de los anteriores géneros; c) presenta un estilo directo y llano, especialmente objetivo, pero que al mismo tiempo debe plasmar la personalidad del periodista; género realizado por un reportero, bien en la sede de la redacción, bien destacado en una ciudad diferente, enviado especial, corresponsal, etc.

— *El artículo o comentario*: a) es la exposición de ideas y de juicios valorativos suscitados a propósito de hechos que han sido noticia más o menos recientemente; b) puede ser ocasional o tener periodicidad fija; c) presenta un estilo literario muy libre (Martínez Albertos, 1992, pág. 269).

5.1.6. *Los géneros en el ciberperiodismo*

Las características de los medios digitales también afectan a la producción de los distintos géneros periodísticos. Desde hace años los profesores Armentia, Caminos, Merchán y Elexgaray, de la Universidad del País Vasco, han realizado diversas investigaciones al respecto. Una de sus advertencias es que el lector, cuando accede a una página digital, desconoce la amplitud de un texto, algo que no sucede en un diario impreso. Uno de los aspectos más importantes es trabajar con textos más reducidos. La extensión óptima de una noticia sería de veinticinco líneas aproximadamente, es decir, la información que puede completar una pantalla normal de veinticuatro pulgadas. En el caso de géneros que requieren más extensión, como crónicas, reportajes, artículos o entrevistas, se hace necesaria la descomposición del texto en partes (recuadros de apoyo o despieces) que sirven de complemento a un texto que contiene la información central. Esta descomposición textual en partes complementarias exige la creación de un texto matriz (noticia fundamental o central) considerado como la unidad informativa básica porque recoge los elementos esenciales de la globalidad del texto, que debe estar correctamente relacionado con los textos que lo complementan. Para ello, el texto central deberá ofrecer los elementos conectores que precise —*links*— para una intercomunicación rápida con los textos complementarios. Ello obligará a:

a) La utilización de titulares eminentemente informativos que describan la acción principal de forma singularizada a través de una oración simple.

b) La creación de un texto matriz en el que se recogen los elementos esenciales de la información, de forma similar a la que hace en la actualidad un texto periodístico tradicional que utiliza como soporte la prensa escrita.

c) La sustitución de entradillas, entendidas como resúmenes de información por sumarios —links— que recogen los elementos más importantes de una noticia y permiten, al mismo tiempo, conectar con los despieces en los que se desarrollan los complementos del texto central.

d) La descomposición del texto en varios despieces, tantos como giros informativos incluya la información, de un máximo de veinticinco líneas para que su lectura pueda llevarse a cabo en su totalidad sin utilizar las barras de desplazamiento (Armentia y otros, 2000).

Los géneros en el ciberperiodismo están en una constante transformación y a ello no es ajena la multiplicidad de soportes a través de los cuales se transmite. Actualmente el usuario no accede a la información digital sólo a través del ordenador; existen otras plataformas, como el teléfono móvil, el iPad, etc., que, aparte de tener especificidades tecnológicas y físicas distintas, mantienen una relación diferente con los usuarios que las emplean para múltiples tareas en escenarios muy variados. Ello supone un constante desafío para el periodismo, que debe articular su adaptación a los nuevos códigos y audiencias con la irrenunciable misión de ofrecer rigor y calidad informativa.

Una de las características fundamentales de los medios digitales es la interactividad, es decir, la posibilidad de una relación constante con el público que permite a éste dar sus opiniones, publicar informaciones o dialogar con otros usuarios en el mismo medio y de forma directa. López Hidalgo considera que, debido a ello, la red ha creado nuevas fórmulas narrativas:

a) *El foro.* Bajo la moderación de un especialista, el usuario puede participar en temas abiertos o monográficos en torno a una actualidad más o menos efímera o permanente, e incluso puede proponer temas para su debate.

b) *El chat.* Permite el diálogo en tiempo real entre el emisor y el receptor sobre cualquier tipo de cuestión de interés y actualidad, pero también la intercomunicación de todos los receptores entre sí y de ellos con el emisor.

c) *Las encuestas.* Muchas de ellas, además del voto, piden la opinión de los ciudadanos sobre cuestiones de máxima actualidad. La mayoría permite la consulta de los resultados, sin necesidad de optar por alguna opción.

d) *Las entrevistas de los lectores.* A una hora concreta y durante un espacio de tiempo determinado, un personaje público responde a las preguntas que le plantean los usuarios. El entrevistado lee en la pantalla las preguntas formuladas y contesta escribiéndolas en el ordenador. Un periodista modera, filtra y selecciona las cuestiones que se someten a las consideraciones del personaje invitado. La singularidad de esta modalidad de entrevista es que el papel de intermediario del periodista es muy sutil y puede pasar desapercibido.

e) *Las cartas*. Permiten contraponer las opiniones de los lectores con la mantenida por la empresa periodística en los editoriales, o por sus colaboradores en artículos y columnas, en torno a temas de interés informativo. Hay diarios además que dedican secciones diferentes a las Cartas al Director y a otro tipo de quejas y comentarios de los lectores.

Además de estos nuevos géneros periodísticos, los diarios digitales, al igual que los diarios impresos, se apoyan también en formatos gráficos y formatos de información gráfica, ya sean éstos fotografías, dibujos, caricaturas, mapas, organigramas, representaciones estadísticas o infografías; pero donde la red ha aportado nuevas fórmulas narrativas es en la infografía animada, que integra sonidos, imágenes, vídeos y gráficos para conseguir la comprensión global de una noticia (López Hidalgo, 2002).

5.1.7. *Una alternativa a los géneros periodísticos*

Desde hace algún tiempo, diversos autores han puesto en cuestión la teoría de que los géneros periodísticos sean la única forma de expresión del mensaje periodístico. Consideran que la realidad de los medios actuales supera una tipología que resulta desfasada o, por lo menos, excesivamente rígida. En efecto, puede observarse que los cambios progresivos en el modo de redactar las informaciones han supuesto en muchos casos la ruptura de las fronteras entre los distintos géneros. Aparte de las noticias de creación, nos encontramos, por ejemplo, con que hay editoriales que contienen más datos que muchas noticias, y noticias directas a medio camino entre el reportaje y la crónica, etc. Ello ha llevado a diversos estudiosos a incrementar la tipología de géneros y subgéneros, en un intento de abarcar todas las posibilidades expresivas que pueden encontrarse hoy en los medios. Así, por ejemplo, son subgéneros informativos la gacetilla, la nota, el breve, la reseña, el resumen y el entrefilete; y subgéneros de opinión el suelto o la glosa, entre otros.

Ante la progresiva indefinición y proliferación de géneros, el profesor Héctor Borrat propuso en 1981 una clasificación que tenía en cuenta los *sistemas de textos.* Con ello ofrecía una alternativa, a mi juicio muy acertada, tanto frente al viejo binomio relato/comentario, como frente a la fórmula más compleja de sucesivas divisiones y subdivisiones que acaban con la pérdida de su propia definición. A partir de la constatación de que «todo empieza por el relato», Borrat propone tres tipos de textos: narrativos, descriptivos y argumentativos.

Afirma Borrat que construir un tema de actualidad periodística comienza por dar respuesta a los *topoi* de la retórica clásica (que los manuales de periodismo reservan a las noticias, pero que son igualmente aplicables a todos los textos): *qué, quiénes, cuándo, dónde, por qué, cómo.* Para formar una secuencia sobre un relato desde que empieza a construirse hay que saber *qué* acontecimientos, acciones e ideas serán materia de relato y en qué términos se anuda el conflicto; *quiénes* son los protagonistas, sus antagonistas, los terceros involucrados; *cuándo* comenzarán y terminarán los hechos, y cuándo habrá que marcar, entre el comienzo y el término, tiempos, ritmos, ocasiones; *dónde* está el escenario principal y dónde los otros escenarios en los que se desarrollan acciones paralelas; hay que comenzar a preguntarse *por qué* se ha producido el hecho, se comportan de tal manera los actores o protagonistas y llega

la trama a ese desenlace; *cómo* se van a explicar esos acontecimientos y acciones, cuáles son sus antecedentes, cuáles sus
consecuencias, cuál el pronóstico que a partir de todo esto
puede hacerse...

5.1.7.1. Narrar, describir y argumentar

De acuerdo con Ducrot y Todorov, Borrat afirma que el texto narrativo puede bastarse a sí mismo; el argumentativo y el
descriptivo, en cambio, tienen que referirse a una secuencia
que pueda narrarse. Según esta división, en los géneros narrativos predominan las respuestas al *qué* ha sucedido, *quién* ha
sido el protagonista y *cuándo* ha tenido lugar; en los géneros
descriptivos las respuestas a *qué* ha sucedido, *quién* ha sido el
protagonista y *dónde* ha tenido lugar; y en los argumentativos
el *por qué* ha sucedido y *cómo* ha sucedido.

Este cuadro inicial compuesto por tres familias de textos
(narrativos, descriptivos y argumentativos) se subdivide en
cuatro ramificaciones que nacen de las dos primeras: los *narrativos simples*, con predominio de *qué*, *quién* y *cuándo*; los
narrativos explicativos, con predominio del *qué*, *quién*, *cuándo*, *por qué* y *cómo*; los *descriptivos simples*, con predominio
de *qué*, *quién y dónde*; y los *descriptivos explicativos*, con predominio de *qué*, *quién*, *dónde*, *por qué y cómo*.

La aplicación del sistema de textos está estrechamente ligada a los diversos períodos en que se organiza la actualidad periodística: «A diversos períodos corresponden diversas *expectativas* del lector, engendradas y reforzadas por la gran empresa periodística. Así, en el campo de los textos narrativos, el
lector espera del diario noticias y relatos fragmentarios sobre
los acontecimientos inmediatos; del semanario, relatos completos sobre acontecimientos producidos durante la semana

que precede a su publicación; de publicaciones de periodicidad más extensa, en cambio, más que textos narrativos espera textos argumentativos que le proporcionen explicaciones más profundas o que trasciendan al acontecer inmediato» (Borrat, 1981, pág. 96).

La concepción de Borrat arranca, pues, de las seis famosas preguntas de la noticia, pero, como hemos visto, no se restringe a ellas. Por una parte, sirve para analizar todo tipo de textos aparecidos en los medios (sin necesidad de recurrir a sucesivas y progresivas tipologías de los géneros periodísticos); por otra parte, sirve para producir textos, pero también para analizarlos; y por último, utiliza los *topoi* más allá del propio texto para sintetizar la pregunta que el periodista se plantea a sí mismo y dirige a la audiencia; pero ¿quiénes leen qué textos de periodismo, cuándo, dónde, por qué y con qué efectos?

5.2. Los libros de estilo

Los libros de estilo responden a la necesidad que ha sentido la prensa moderna, en primer lugar y, posteriormente, el resto de los medios, de disponer de manuales de instrucciones precisas que hagan posible un uso eficaz del lenguaje informativo. Mientras en países como Gran Bretaña existe una larga tradición de los libros de estilo, en España este fenómeno tiene algo más de diez años.

Denominamos *libros de estilo* a un conjunto de normas lingüísticas y estilísticas de las que se dota un medio para producir mensajes más coherentes, más eficaces y más correctos. Para López de Zuazo, el libro de estilo «es el conjunto de normas que tienen los redactores de una publicación, agencia o emisora para unificar los criterios ortográficos y de presentación de los originales. Son muy conocidos los libros de estilo de las agencias AP y UPI. Las normas de estilo periodístico suelen variar según el medio: prensa, radio, televisión, cine informativo, etc.» (López de Zuazo, 1977, pág. 82). El libro de estilo, pues, se ha convertido en un factor determinante para valorar la calidad y el prestigio de un medio de comunicación.

Josep M.ª Casasús y Xavier Roig consideran que «el libro de estilo responde a la necesidad que se ha registrado en la prensa moderna de disponer de un manual de instrucciones precisas que hagan posible un uso eficaz del lenguaje informativo» (Casasús y Roig, 1981, pág. 127). El libro de estilo ayuda, en primer lugar, a sistematizar las características de contenido del medio, pero sufre condicionamientos directamente vinculados a las opciones formales que se hagan dentro de ese medio. A la hora de diseñar un nuevo periódico, por ejemplo, o de estudiar la identidad del ya existente, hay dos factores básicos que tener en cuenta: el libro de estilo y la maqueta. Son dos factores que no se podrán separar. El libro de estilo sufrirá, por una parte, condicionamientos vinculados directamente con las opciones formales y, de la misma manera, el diseño se verá condicionado por las exigencias propias de una redacción y del planteamiento estructural de un modelo de periódico concreto.

Afirma Martínez Albertos que los manuales de estilo de nuestros días actúan en dos dimensiones diferentes, no siempre armonizables entre sí: a) las *normas lingüísticas* (sobre fonología, gramática y léxico), que deben tener en cuenta los periodistas en cuanto escritores adscritos a los trabajos informativos de un medio en particular; y b) las normas particulares y propias del trabajo periodístico (*normas estilísticas*), que se refieren al comportamiento de los periodistas como agentes sociales cuya peculiar función es la de servir de honestos mediadores entre los acontecimientos y los ciudadanos de una comunidad política. Este segundo campo de los libros no tiene mucho que ver con una normativa gramatical, sino más bien con cuestiones propias de una sociología de la profesión: derecho de la información, aspectos deontológicos (secreto de las fuentes, cláusula de conciencia, participación en las decisiones de la redacción sobre los contenidos, etc.); delimitación entre hechos y opiniones; respeto obsequioso a unas normas estilísticas, etc. (Fernández Beaumont, 1987, pág. 9). La mayoría de los libros de estilo españoles inciden más en la primera parte que en la segunda.

Actualmente, la mayoría de los libros de estilo ofrecen también de un denominado *manual de edición*, fruto de la introducción de videoterminales en las redacciones, que se actualizan cada cierto tiempo. Uno y otro son dos de las primeras herramientas que se entregan a los nuevos miembros de la redacción. El periodista del siglo XXI es un profesional polivalente que, aparte de escribir, debe saber producir contenidos noticiosos que integren sonido, imagen, texto y gráficos.

5.2.1. *Una brújula para los medios*

José Fernández Beaumont analizó numerosos libros de estilo de distintos medios en el mundo y llegó a la conclusión de que tienen varias funciones clave (Fernández Beaumont, 1987, pág. 195; 1988, pág. 151):

a) *Fijación de la identidad del medio.* Afirma García Núñez que «para alcanzar el objetivo de ser un periódico distinto se diseña un formato, se escoge una tipografía y un nivel gráfico determinado, y se acotan una serie de secciones, sobre las que se desarrolla un proyecto. En este instante también el estilo —desde el léxico hasta las directrices de puntuación— es sopesado y delimitado por los fundadores de un periódico» (García Núñez, 1985, pág. 22).

b) *Fijación de normas en áreas de controversia del lenguaje.* Por muy delimitada que se encuentre la gramática o el conjunto de normas que acotan el correcto uso de un idioma, siempre existen áreas de controversia en las que no se ponen de acuerdo los gramáticos académicos y aquellas personas que tienen responsabilidades en la fijación del lenguaje. En el periodismo, este campo es todavía más difícil de definir, dado que tiene que estar absorbiendo constantemente nuevos conceptos y expresiones. Además, dada la urgencia de la información, no se puede esperar a realizar consultas sobre la forma más correcta de escribir una palabra o adoptar una grafía determinada para voces extranjeras o neologismos.

c) *Unificación del idioma.* Los libros de estilo pueden ayudar a unificar el idioma. El manual de estilo de la agencia EFE afirma: «Escribir corto, escribir claro, escribir sueco: esta máxima, que es el centro de las normas de redacción del *Svenska Dagbladet*, puede ser indicativa de la función que se exige a los libros de estilo para que unifiquen el idioma. Escribir sueco se exige a los redactores de ese periódico, como se exige que escriban inglés a los periodistas anglosajones o español a los de habla castellana».

d) *Defensa del idioma.* Una de las funciones más claras de los libros de estilo es la defensa del propio idioma, tanto en el ámbito interno como frente a los extranjerismos, tecnicismos y otros vocablos derivados de la abusiva utilización de las expresiones informáticas. No se pretende con los libros de estilo ir contra el lenguaje correcto o contra las lagunas o inmovilismos de los organismos que fijan la pureza del idioma, afirma Fernández

Beaumont, sino más bien facilitar la tarea de los periodistas mediante convenciones o soluciones a las que se ha llegado previamente. En algunas ocasiones, los académicos y lingüistas se han quejado de que los medios de comunicación masivos, especialmente la televisión, son la herramienta más común y a la vez más perversa para corromper el idioma. Esta acusación se hizo patente en el Congreso de Academias de la Lengua Española celebrado en Madrid en octubre de 1985. El libro de estilo puede ser el instrumento para que el profesional pueda encontrar una ayuda insustituible en el manejo del idioma.

Los libros de estilo operan sobre la presunción de que el redactor tiene ya un adiestramiento lingüístico suficiente como para expresarse correctamente en prensa, radio o televisión. A partir de aquí, el libro de estilo se presenta como un instrumento adecuado para fijar unas determinadas normas.

5.2.2. *Entre la norma y la ética*

En los libros de estilo se concentran las normas que integran el llamado credo o ideología del periodista, y el credo o ideología de las empresas, puesto que una de las funciones —que es explícita en algún libro de estilo— es precisamente la fijación de la identidad personal del propio medio, y otra la consolidación de los principios fundamentales. Sirvan como ejemplo los principios ideológicos contenidos en el libro de estilo de *The Washington Post*, formulados en 1933 y replanteados en el libro de estilo de 1978. A diferencia de otros libros de estilo, éste hace más hincapié en los principios éticos que en los lingüísticos. Helos aquí:

a) La primera misión de un periódico es decir la verdad tan estrechamente como sea asequible o abarcable.

b) El periódico tiene que decir toda la verdad, en tanto en cuanto pueda entenderse que concierna a los asuntos de América y el mundo.

c) En tanto difusor de noticias, el periódico debe observar la decencia y la compostura a la que está obligado un caballero.

d) Lo que se escribe o imprime ha de poder leerlo lo mismo un joven que un viejo.

e) El periódico se debe, en definitiva, a los intereses de los lectores y del público en general, y no a los intereses privados de sus propietarios.

f) En la búsqueda de la verdad, el periódico tiene que estar preparado para sacrificar su fortuna personal si fuera necesario para el bien público.

g) El periódico no debe ser aliado de ningún interés especial, pero tiene que ser transparente y libre en sus opiniones sobre asuntos y personajes de la vida pública.

En ámbitos más concretos, se mencionan además estos otros:

a) Los prejuicios del redactor no deben tenerse en cuenta.

b) El redactor no aceptará regalos. El periódico corre con todos los gastos de la información.

c) Las noticias han de presentarse con independencia.

d) El periodista cuenta la historia, no la hace.

e) La exactitud es la meta del periódico, el candor es nuestra defensa.

f) Los errores deben reducirse al mínimo y deben corregirse cuando existan.

g) Las fuentes deben estar protegidas, pero siempre tiene que existir una atribución de fuentes.

h) El plagio es uno de los pecados no perdonables en periodismo.

i) La objetividad es imposible, pero la imparcialidad es un objetivo que se puede alcanzar.

j) La separación de la opinión y de la información debe ser solemne y completa.

k) *The Washington Post* ha de respetar el buen gusto en sus informaciones (Fernández Beaumont, 1987, pág. 195).

Capítulo 6

LOS TITULARES PERIODÍSTICOS

Titular es una operación difícil y compleja. Los titulares periodísticos identifican, anuncian y resumen las noticias. Despiertan el interés del público y comunican lo más importante de la información.

La primera impresión que recibimos de una noticia suele ser a través de un titular. «La erupción del volcán Pinatubo provoca cientos de muertos»; «El jefe del Gobierno insiste en que no adelantará las elecciones»; etc. Los titulares expresan la información más importante, más pertinente o más sorprendente del relato de la noticia. Al mismo tiempo son una interpretación de los acontecimientos o acciones desde el punto de vista del medio. Un mismo acontecimiento puede titularse desde puntos de vista contrarios: «Las medidas económicas propuestas por el Gobierno tranquilizan a los empresarios» o «Los trabajadores consideran inaceptables las nuevas medidas económicas».

Con los titulares, afirma Lorenzo Gomis, el periodismo trata por lo pronto de persuadirnos de que pasan cosas interesantes. Su objeto es motivarnos, atraer nuestra atención, impresionarnos, lograr que pensemos y hablemos. Cumplen tres objetivos: anunciar y resumir la información que va en la noticia; convencer de que aquello que se cuenta es interesante, y evadirse de la propia información que resumen, cobrar vida propia, resultar inteligibles por sí mismos, de modo que el lector, apenas leído el titular, pueda ya contar el hecho. El titular comunica la noticia. Si no hubiera titulares, el lector no concentraría su interés en la noticia o lo haría de un modo más disperso (Gomis, 1992, pág. 59).

6.1. Un grito de atención

En los primeros tiempos del periodismo los titulares no existían. Los diarios eran hojas impresas para leerse enteras y con calma, que pasaban de mano en mano, no perdían fácilmente su actualidad ni tenían prisas por que se las leyera. Dice Gomis que el titular era el guión de las proclamas de los ciclistas que recorrían la ciudad voceando la prensa, o de los vendedores que en una esquina gritaban las noticias.

El titular periodístico moderno tiene su origen en Estados Unidos. Garst y Bernstein afirman que los periódicos de otras partes del mundo, hasta bien entrado el siglo XX, se limitaron a rotular las informaciones, etiquetarlas, pero no a titularlas. Los titulares eran simples enunciados, sin verbo, que indicaban el tema y contribuían al orden de las páginas y a la clasificación de las noticias. Los encabezamientos son, probablemente, tan viejos como la escritura, pero los encabezamientos no son titulares. Lo mismo ocurrió en Norteamérica. Aunque en la guerra de Secesión se habían producido los primeros intentos de titular las noticias de los distintos frentes, se trataba más bien de sumarios que explicaban la historia en una columna, de arriba abajo, con las líneas separadas por un filete. Los periódicos encabezaban las informaciones con títulos como «La campaña presidencial» o «Asuntos exteriores», que, además, se repetían a diario y en distintas noticias. Los titulares, tal como los entendemos ahora, que se extienden a lo largo y ancho de las columnas de un diario, son fruto de la guerra de Cuba de 1898 y, sobre todo, de la Primera guerra Mundial (Garst y Bernstein, 1982, pág. 91).

Todo título tiene una misión primordial: identificar. La diferencia entre el encabezamiento, la etiqueta y el moderno titular es que los primeros describen términos, señalan dónde empieza el texto, y el segundo construye una narración. Alarcos Llorach considera que los titulares periodísticos cumplen tres funciones fundamentales: distinguir los diversos titulares del mismo contexto; adecuar las referencias reales de titulares y noticias, y despertar el interés del lector (Alarcos Llorach, 1977, pág. 127).

Una vez más nos hemos de referir a la relación entre periodismo y literatura. Francisco Sánchez adopta la clasificación de Charles Grivel cuando formula tres funciones de los títulos literarios: *identificar* la obra, *designar* su contenido y *destacarlo*. Sin embargo, la considera incompleta, ya que el título puede indicar algo más que el contenido general, factual o simbólico de un texto. Puede indicar su forma, de un modo tradicional (odas, elegías, relatos breves, sonetos) o de un modo original (mosaico, repertorio, etc.). Cabría diferenciar, pues, entre títulos temáticos (aquellos que se refieren al contenido del texto) y títulos formales o incluso genéricos (en el sentido de que indican un género). Sin embargo, la elección, en principio, no se sitúa entre dar un título que se refiera al contenido de una obra o a su forma, sino más bien entre un título que apunte al contenido temático de un texto o al texto mismo, considerado como una obra, como un objeto. Sánchez cita a Genette cuando toma prestada de la lingüística del texto la oposición entre *tema* (aquello de lo que se habla) y *rema* (lo que se dice acerca del tema).

También en la titulación periodística podemos encontrar esta tipología. Existen, pues, titulares temáticos y titulares remáticos.

En algunos casos, los titulares disponen explícitamente de indicadores de género, casi siempre en los llamados titulares de situación. Me refiero a indicaciones explícitas del tipo «Crónica», «Reportaje», «Análisis», etc.

Según la sistematización operativa en cada periódico, los titulares de carácter noticioso o narrativo aparecerán configurados de una determinada manera, perfectamente distinguible de aquellos titulares que pertenecen a géneros o a tipos de textos argumentativos [...]. Los titulares que corresponden a textos narrativos se redactan con una frase verbal —aunque el verbo puede estar implícito—, mientras que los que corresponden a textos de carácter argumentativo suelen carecer de verbo y de ordinario constan de muchas menos palabras, pues no intentan resumir la noticia. Son titulares, casi siempre, de carácter temático (Sánchez, 1990, pág. 176.).

En España, los diarios empiezan a titular sus informaciones a partir de la Restauración. Cuenta Gomis que un día, el director del diario *La Época*, José Escobar, encargó a su hijo Alfredo, comisionado a la exposición de Filadelfia, que aprovechando el viaje estudiase la prensa norteamericana y tomase nota de todo lo que viera. Lo único que quedó fue el hábito de poner títulos a las noticias.

6.2. De qué dependen los titulares

Es evidente que un titular no se crea en abstracto, sino en relación a un texto (al que titula) y al contexto en el que se produce. Josep Lluís Gómez Mompart considera que el resultado final de un título depende de varios factores:

a) *Del momento.* Un titular debe tener presente el momento en que el acontecimiento se ha producido y el momento —teórico— en que la noticia entrará en contacto con el receptor.

b) *Del medio.* Cada medio de comunicación titula de una manera distinta. No titulan igual los diarios que los semanarios o las publicaciones de periodicidad más dilatada. También depende del modelo del diario (si son más interpretativos o más sensacionalistas). En los medios audiovisuales el tema se plantea de forma distinta. A pesar de que hay quien sostiene que en radio y televisión no existen los titulares, actualmente las noticias se titulan en todos los medios, aunque no de la misma forma. En radio, el titular es una frase de arranque, mientras que en televisión (por ejemplo, en los telediarios) suele combinarse un título enunciativo que señala el tema y que aparece escrito en la pantalla con una frase de arranque que lee el locutor o locutora de turno.

c) *De la orientación del medio.* Los principios ideológicos —políticos, socioculturales, empresariales y profesionales— de cada medio conforman su orientación y afectan a la redacción de los titulares. Lo mismo ocurre con los condicionantes técnicos (cuerpo y tipo de letras, número de columnas, etc.).

d) *De la lengua empleada.* Por su estructura, así como por su desarrollo, cada lengua tiene un repertorio de posibilidades para producir unos enunciados significantes. Los titulares, sobre todo los de prensa, dependen de todas esas características. Por ejemplo, hay lenguas que permiten unas contracciones que si bien en algunos casos son sintáctica o gramaticalmente incorrectas, pueden tolerarse, dado que son claramente inteligibles; ése sería el caso del inglés periodístico. Sin embargo, en otras —como las latinas—, las contracciones implican un destrozo de la lengua.

e) *De la tradición periodística y cultural.* Sea uno u otro el pasado cultural y su nivel, la titulación tendrá más o menos posibilidades. Los plagios estructurales y estilísticos de una lengua a otra a la hora de titular se deben, precisamente, al subdesarrollo periodístico y al imperialismo sociocultural, que influyen sobre la lengua vernácula de un país, sobre su utilización en prensa y sobre el periodismo. Es lógico que los periodistas tampoco puedan quedar al margen de la «importación» de valores y modos de vida y/o trabajo, como tampoco pueden eludir cuantos condicionamientos sociopolíticos han impedido que su profesión se desarrolle en su lengua propia y en su país.

f) *Del género periodístico.* Cada género demandará un título ex profeso, cuya lógica vendrá dada por sus características y la función que persiga.

g) *De la sección.* La variedad de las secciones de un medio implica tratamientos diferentes. La titulación puede oscilar entre el contenido informativo riguroso y los títulos literarios o sensacionalistas.

h) *De la página, el lugar y la mancha de la misma.* En prensa, los textos que van en portada llevan un titular en primera y otro —a veces diferente— en la página 2, en la última o en la página que se indique en primera de la sección correspondiente. Al titular diferente una misma noticia se consigue dar dos aspectos destacados de una información. Dentro de la página, la titulación guarda una jerarquía decreciente de mayor a menor tamaño, que corresponde a un mayor o menor nivel de importancia.

i) *Del cuerpo y tipo de letra.* El cuerpo (tamaño de las letras), así como el tipo (familia, forma, carácter), distinguen en prensa unos titulares de otros. Los periódicos de antaño solían emplear y mezclar diversos cuerpos y familias para estimular la percepción de los lectores. La introducción del ordenador en el diseño de las maquetas ha simplificado y unificado la forma de los titulares (Gómez Mompart, 1982, pág. 53).

6.3. Tipos de titulares

Hay muchas maneras de titular y, por lo tanto, muchas clases de titulares. El profesor Alarcos Llorach propuso una clasificación desde el punto de vista de su relación con la noticia a partir de cuatro apartados:

a) *Según su referencia*, los títulos pueden ser:
   — *Objetivos.* Resumen el contenido de la noticia (por ejemplo, «Los jóvenes murieron a tiros»).
   — *Subjetivos.* Buscan llamar la atención (por ejemplo, «Las balas de Almería»).
b) *Según su amplitud*, son:
   — *Amplios.* Por ejemplo, «Los obreros de Pilva pasan a gestionar la empresa».
   — *Concentrados.* Por ejemplo, «Autogestión en Pilva».
c) *Según su concreción:*
   — *Completos o explícitos.* Son aquellos que captan lo esencial de la noticia (generalmente llevan sujeto).
   — *Incompletos o implícitos.* Son aquellos que se limitan a una parte de la noticia (habitualmente el sujeto es elíptico).
      Los titulares *completos o explícitos* e *incompletos o implícitos* se subdividen a su vez en:
   • *Propios o normales.* Emplean una evidencia lógica (por ejemplo, «PSOE propone un pacto autonómico»).
   • *Figurados o anormales.* Utilizan figuras literarias (por ejemplo, «El viento produce un muerto»).

d) *Según su omisión o elípticos.* Eluden elementos de la
oración o cambian su ordenación y son:
- *Unimembres.* Cuando el *tema* y la *tesis* se reúnen en
un todo funcional (por ejemplo, «Expulsión masiva
de norteamericanos en Irán»: el tema «norteamericanos» está subordinado a la tesis «expulsión»).
- *Bimembres.* Cuando el *tema* y la *tesis* están separados, enfrentados (por ejemplo, «El Madrid, eliminado»: el tema «Madrid» y la tesis «eliminado» quedan
rigurosamente separados) (Alarcos Llorach, 1977,
pág. 144).

Luis Núñez Ladevéze considera que si se tiene en cuenta
que el criterio periodístico depende de la función de informar,
la distinción principal debe tener en cuenta algún criterio elemental acerca de qué es y cómo se delimita el contenido informativo. La clasificación de los títulos se orienta, entonces, a
separar los más informativos de los que lo son menos. Propone la siguiente:

a) *Títulos expresivos.* No aportan información sobre hechos. Evocan, en mayor o menor grado, un hecho que
se presume conocido. Gramaticalmente considerados,
estos títulos son unas palabras sueltas, decoradas con
signos ortográficos. Cualquier título de primera página
de un periódico deportivo español responde a ese planteamiento (por ejemplo: «¡Victoria!»). El periodista considera al destinatario un experto que ya conocía aquello
de que se habla.
b) *Títulos apelativos.* Son aquellos que utilizan el lenguaje
para llamar la atención sobre un hecho cuyo conocimiento no se presume, pero del que se informa. Este
tipo de títulos es frecuente en los periódicos sensaciona-

listas, o los dedicados a sucesos y noticias de las llamadas de interés humano. Por ejemplo: «Espantoso crimen pasional en Vallecas».

c) *Títulos temáticos o simplificadores.* Son los títulos que, sin indicar evaluación ni juicio, enuncian únicamente el tema de la información y no permiten identificar la noticia. Son frecuentes en las noticias sin importancia o de poco relieve. Suelen utilizarse en géneros no informativos, como por ejemplo artículos o editoriales. Por ejemplo: «La salud moral en el Reino Unido».

d) *Títulos informativos.* Explican el sujeto de la acción, la acción misma y sus circunstancias. Por ejemplo, «ETA asesina a un policía en San Sebastián». Al mismo tiempo, la singularizan y la relacionan contextualmente con el devenir informativo de las noticias de actualidad («Otro policía asesinado en San Sebastián»).

Los títulos informativos se clasifican en dos grandes tipos: los estáticos y los dinámicos. Los *dinámicos* se refieren principalmente a la acción. Generalmente, requieren un verbo en presente o futuro. Por ejemplo: «París exhibe obras de la época más fecunda de Henri Matisse».

Los *estáticos* describen efectos o resultados de las acciones o se centran en la situación originada por la acción de la que se informa. Generalmente son pasivos, con frecuencia se ha elidido el verbo y se basan en el participio. Por ejemplo: «El Gobierno, preocupado por la crisis económica».

El criterio adoptado para diferenciar el título informativo del expresivo y apelativo se basa, en gran parte, en la distinción entre periódicos «de calidad» y periódicos «populares». Sin embargo, Núñez Ladevéze advierte una progresiva tendencia en algunos diarios de prestigio a condensar los títulos sin caer en el sensacionalismo ni perder el valor informativo.

De acuerdo con ello, el titular «El CGPJ[1] propone medidas de urgencia para evitar el colapso de los juzgados» (*La Vanguardia*, 14 de septiembre de 1988) se transformaría, una vez condensado, en «Plan para evitar el colapso de la justicia». Este estilo verbal consigue no sólo expresar más claramente que la nominalización la idea o pensamiento que se trata de transmitir, sino también hacerlo más sintéticamente (Núñez Ladevéze, 1991, pág. 221).

6.4. El presente, regla de oro

Los elementos que componen un título en prensa son tres: antetítulo, título o cabeza, y subtítulo o sumario. La parte principal de un titular es la cabeza. El antetítulo y el sumario son elementos complementarios y tienen normalmente más palabras que la cabeza. La cabeza *cuenta* la noticia; el antetítulo o el sumario *explican* los motivos u otros datos sustanciales de la información. Una cabeza de titulación no tiene que contar con todos los elementos. Los diarios informativos e interpretativos suelen utilizar título y antetítulo, mientras que las publicaciones sensacionalistas emplean título y subtítulo. Cada elemento del titular debe leerse autónomamente.

El *ladillo* es una frase breve, o incluso una palabra, que sirve para dividir una información extensa. Va entre los párrafos de la noticia y se diferencia del texto por un tamaño de letra mayor y porque suele ir subrayado.

Gomis afirma que las tres condiciones del titular son que pueda extenderse a varias columnas, que lleve un verbo en forma activa y que esté escrito en forma de presente. El hábito de evitar el tiempo pasado en los titulares de prensa y preferir el

---

1. Consejo General del Poder Judicial.

presente o el futuro, según Garst y Bernstein, no es una invención de los que redactan titulares, sino que se extrae del habla cotidiana. Los titulares en presente expresan la pretensión de la prensa de construir el presente. Los medios, al titular en tiempo presente, sugieren al público que lo que cuentan está pasando, no que ha pasado. La introducción de las noticias en tiempo real, propia del ciberperiodismo, hace que dicha pretensión sea una realidad.

Por otra parte, el uso de formas verbales en presente contribuye a convertir los titulares en un conjunto de lectura autónoma y, hasta cierto punto, independiente de los textos que encabezan. Los titulares (ya sea impresos, radiados o televisados) configuran la imagen del presente como período abierto con el que podemos ponernos en contacto varias veces al día con sólo leer los diarios, conectar los noticiarios radiados o televisados, o conectarnos a Internet.

6.5. Cómo se titula

Titular es una de las operaciones más difíciles y complejas del proceso de producción de una noticia, ya que debe combinar dos operaciones: dar el máximo de información, y hacerlo en un espacio previamente marcado. Ello significa condensar los datos en términos exactos. El título suele pensarse antes de escribir una información, y suele redactarse después.

Hay que partir de la base de que todo debe titularse. En algunos casos se tratará de resumir el contenido de una noticia («Las lluvias de ayer aumentaron en un 30 % el volumen de las reservas hidráulicas»); en otros, de indicar al lector el tema del que se va a hablar («La objeción de conciencia»). Cuando se dispone a titular una noticia (que es el caso que nos ocupa), el periodista debe plantear tres preguntas clave: qué es noticia en este texto, qué es lo que la diferencia de otras noticias y qué es lo que más va a interesar al receptor. Las respuestas a esas preguntas definirán el contenido del titular. A partir de ahí, quedan dos operaciones: medir el título (si se trata de prensa) y elaborarlo.

6.5.1. *Un agitador de la actualidad*

El titular debe tener un verbo, explícito o implícito, ya que es un factor clave en el título, que suele aportar exactitud y garra a su contenido. Además, debe seguir ciertas normas de redacción que suelen contenerse en el libro de estilo de cada medio. Algunas, como las siguientes, tienen carácter general:

a) No deben partirse palabras de una a otra línea.
b) No deben situarse en líneas distintas una preposición y su objeto; lo mismo ocurre con un nombre y su adjetivo.
c) No deben repetirse palabras en un mismo título.
d) En un titular no se emplea el punto y seguido.
e) No pueden utilizarse palabras ambiguas.
f) Las siglas facilitan la redacción de un título, pero dificultan su comprensión. Pueden utilizarse si son muy conocidas.
g) Hay que desechar las interrogaciones.

Podemos afirmar, siguiendo a Gomis, que el esquema que desemboca en un titular podría resumirse así: a) algo ha pasado en la realidad; b) el titular lo resume y lo comunica; c) la información lo explica y lo completa; d) el lector lo comenta y, al comentarlo, lo difunde y lo asimila.

Sin embargo, el esquema real es más complejo:

a) En la realidad social bullen y brillan elementos susceptibles de interesar a una audiencia y tener trascendencia
   en un futuro.

b) Con estos elementos noticiosos interesantes los redactores «construyen» un hecho que comprende elementos reales, simbólicos o abstractos, como el famoso IPC
   (índice de precios al consumo) que aparece muchas veces, aunque nadie lo ha podido tocar nunca. El titular es
   la síntesis de un hecho interesante.

c) Estos hechos se presentan con fuerza al lector y avivan
   su imaginación. Los lectores comentan. El titular alude
   a un hecho que tiene carácter abierto.

d) El hecho se generaliza en las conversaciones: los que lo
   comentan, buscan el fondo del acontecimiento y tratan
   de desentrañar su significación y alcance; con ello quedan a la espera de nuevos titulares que puedan añadir
   más datos al hecho anterior. Es lo que se denomina en
   periodismo *seguimiento* de una noticia. Podemos afirmar, pues, que el titular es la presencia duradera de hechos cambiantes. Titular es hacer pensar a la gente si
   será verdad aquello que se dice que pasa y que va a pasar
   como consecuencia de aquello que se dice que pasa. La
   gracia del titular está en que la gente empiece a hablar
   del hecho antes de haber leído siquiera la información
   entera que lo cuenta. El titular mueve, agita y acelera la
   actualidad. La función de las noticias es modificar la
   conciencia de la realidad, y la de los titulares promover
   una conciencia común (Gomis, 1991, pág. 62).

Capítulo 7

LOS NUEVOS PERIODISTAS

La profesión periodística necesita perfilar nuevos roles y huir de las excesivas servidumbres de las rutinas laborales. El ciberperiodismo exige la presencia de profesionales polivalentes, capaces de producir información en diferentes soportes a través de distintas tecnologías. Actualmente todavía predomina en las redacciones la figura del periodista generalista, pero todo apuesta a una progresiva importancia del papel del periodista especializado.

No hace falta insistir en el hecho de que los actuales profesionales de la comunicación son ya piezas clave en los engranajes de nuestra sociedad. Al periodista se le comienzan a exigir unos altos grados de conocimiento y una formación básica y continuada. A lo largo de los últimos años se ha recrudecido la polémica sobre lo que debiera ser un periodista. La discusión, entre otros aspectos, se polariza entre quienes defienden la necesidad de la existencia del denominado *periodista generalista*, capaz de escribir sobre cualquier tipo de tema, por oposición al *periodista especializado*, experto en un campo determinado del conocimiento. Hay que advertir que nadie pone en duda la necesidad de que exista un periodismo especializado. Lo que se pone en cuestión es *quién* y *cómo* debe ejercerlo.

El periodista de principios del siglo XXI necesita una formación superior a la de épocas anteriores. No le basta con tener sentido innato de la noticia, ni elaborarla con calidad en contra de la premura del tiempo. Tiene que poseer unos conocimientos teóricos y técnicos que le capaciten como experto en comunicación dentro de un área concreta de la información periodística. La especificidad del nuevo profesional pasa asimismo por convertirse en un verdadero especialista con capacidad para seleccionar, valorar y comunicar con rapidez y en

diferentes soportes el contingente de informaciones genera-
das en las diferentes áreas de conocimiento de la realidad social que configuran hoy la información periodística.

Se plantea una necesidad simultánea, dentro y fuera de la
profesión, de perfilar nuevos roles. Necesidad que, por otra
parte, tiene mucho en común con la inquietud motivada por la
falta de definición profesional de los periodistas.

7.1. Del «todoterreno» al especialista

Con respecto a la profesión periodística, Héctor Borrat propone la articulación de dos tipologías. La primera se estructura
en función de las maneras en que los periodistas profesionales
pueden informarse sobre la realidad, narrarla y comentarla. En
ella señala dos tipos: los *especialistas* y los *generalistas*.

Las señales de identidad que distinguen a generalistas y especialistas son básicamente dos: a) un conocimiento sistemá-
tico y siempre renovado de las maneras de conocer la realidad
y narrarla y/o comentarla, logrado mediante la articulación
permanente de la periodística (cómo comunicar) y de las específicas (qué comunicar);[1] y b) una experiencia profesional en el
área de su especialización lo suficientemente larga e intensa
como para asegurarle la debida y fluida aplicación de la periodística y el conocimiento a fondo de esa área en cada una de
sus actuaciones.

Existen *grados de especialización* diferenciados dentro del
conjunto de los periodistas profesionales. Son difíciles de de-
terminar, porque dependen del contexto periodístico, empresarial y cultural al que pertenecen estos especialistas. Los especialistas pueden, de hecho, desempeñar roles profesionales

---

1. Los paréntesis son míos.

muy diversos, desde aquellos que los sitúan en las posiciones de mando dentro de la pirámide de poder en la redacción, hasta los de informadores, investigadores y redactores de relatos narrativos o de comentarios de actualidad; son desde redactores hasta colaboradores.

La segunda tipología que establece Borrat se construye en función de la posición que ocupan los periodistas profesionales respecto de la correspondiente organización periodística. Así, distingue entre:

a) Los *redactores*, pertenecientes al cuerpo de redacción, ya actúen reunidos o en diáspora, según las necesidades de los periódicos para los que trabajan.
b) Los *colaboradores*, reclutados por la organización periodística fuera de su propio cuerpo redaccional para tareas más o menos frecuentes.

A diferencia de los redactores, que por definición han de ser siempre periodistas profesionales, los colaboradores pueden reclutarse fuera de la profesión. Entre ellos, al igual que ocurre con los periodistas, pueden distinguirse dos tipos: los especialistas y los generalistas. Obviamente, cuando son especialistas, su especialización no es en periodismo, sino en la disciplina específica correspondiente.

En su análisis de la profesión, Borrat encuentra significativo el rango de *estrellas* que tienen algunos colaboradores, a costa del cuerpo de redactores, cuando se trata de opinar públicamente. «Periodistas algunos, no periodistas otros, estos colaboradores son públicamente conocidos como invitados frecuentes a participar en los programas de emisoras radiales y canales de televisión y a llenar espacios vitales en las áreas de opinión de los periódicos. Su situación privilegiada refleja estrategias de la prensa que inciden sobre las propias configuraciones actuales del periodismo especializado en la prensa llamada independiente» (Borrat, 1989b, pág. 56).

Esta estrategia consiste en la necesidad de mostrar las opiniones plurales que tienen la prensa y el resto de medios independientes (es decir, no portavoces del Gobierno, partidos o instituciones) para validar su propio discurso. Ese *pluralismo de antagonistas* que expresan opiniones diferentes e incluso contradictorias, para que mediante la confrontación de sus textos cada lector pueda formarse su propia opinión, es uno de los factores explicativos de la hegemonía de ciertos colaboradores sobre los redactores en las áreas de opinión. Los redactores pertenecen a un cuerpo estructurado y fuertemente jerarquizado, comparten los valores de una misma cultura profesional y también, se supone, los que caracterizan a la línea editorial del medio en el que trabajan; los colaboradores están dispersos en ámbitos múltiples, tienen como primera ocupación a veces el periodismo, pero otras veces —es el caso común de colaboradores no periodistas—, las profesiones más variadas y, externos al periódico, no involucran a éste ni tienen por qué sentirse ligados a su línea editorial.

Borrat afirma que se han dado otras explicaciones de esta hegemonía. Una de las más extendidas es la que dice que la prensa privilegia a los colaboradores no periodistas porque en ellos encuentra los niveles de rigor intelectual, de formación universitaria y de especialización que no percibe en sus redactores. Esta explicación arranca de dos supuestos muy discutibles: a) la inexistencia de redactores especializados en los temas que tratan; y b) la identificación de los colaboradores con los especialistas. Contra el argumento a) cabe recordar que ya existen crecientes núcleos de redactores especializados, gracias a una formación universitaria cualitativamente diferente de la mera introducción a las prácticas rutinarias de la profesión. Contra la afirmación b), hay que llamar la atención acerca de la abundancia de generalistas entre los colaboradores estrella que publican en la prensa española. Una parte considerable de ellos proceden de la literatura o la filosofía, y compensan con sus recursos expresivos sus ignorancias acerca de gran parte de los temas que tratan, y su desprecio por la documentación y el análisis en profundidad (Borrat, 1989a, pág. 57).

7.2. Colaboradores y estrellas

La figura de *experto* en los medios de comunicación ha sido insustituible y sigue siendo en estos momentos un sucedáneo necesario del periodista especializado. Para algunos, este personaje clásico de las redacciones, el colaborador para determinados temas, constituye un precedente histórico, que todavía hoy se sigue manteniendo, del periodista especializado. Sin embargo, dicho precedente no es más que relativo, pues se trata de categorías diferentes. No existe una gradación entre uno y otro: son concepciones distintas de la realidad. El periodista que se especializa no es el especialista que entra en el mundo de la información o de la comunicación.

Sin embargo, Borrat establece diferencias entre los denominados *colaboradores estrella*, que se convierten en señuelos para nuevas audiencias al prestar a la prensa su prestigio social, y la problemática de otros, mucho más numerosos, que constituyen un «verdadero foco de trabajo negro en el sector» (López i Esteban, 1987).

Del panorama descrito se desprende que a la prensa que denomina dicotómica (donde coexisten el periodismo especializado y el periodismo común)[2] le es correlativa la *coexis-*

---

2. Borrat establece dos tipologías que permiten caracterizar el periodismo especializado. La primera se basa en las relaciones del periodismo espe-

tencia de especialistas y generalistas entre quienes integran el cuerpo de redacción y la constelación de colaboradores. Esta convivencia en los periódicos de difusión masiva puede ser algo más que una fase de transición desde una prensa común a una futura prensa especializada. «Según cierta ideología empresarial, siempre harán falta, en efecto, los generalistas, porque precisamente por serlo experimentan las mismas inquietudes, se hacen las mismas preguntas y se expresan en el mismo lenguaje que "el lector común". [...] Tal discurso recubre razones de mercado, que conceden larga vida a este tipo de periodistas. En efecto: cuando se trata de redactores, el generalista cuesta menos que el especialista, y el periódico le puede asignar cualquier área informativa y cualquier rol profesional sin que ello afecte a sus capacidades profesionales o a su prestigio público; cuando se trata de colaboradores de rango estelar, aunque el generalista estrella cueste más que cualquier redactor especialista, su sola firma asegura el "interés periodístico" a todo lo que en él se publica, y la variedad de áreas y temas que alterna potencia ese "interés" ante sus lectores-seguidores-admiradores. Sea, pues, por ahorro o para vender famas

---

cializado con la superficie redaccional de los correspondientes tipos, y engloba: a) la prensa especializada, cuando el periodismo especializado coincide con toda la superficie redaccional de manera continua; b) la prensa dicotómica, cuando el periodismo especializado coexiste con el periodismo común; y c) la prensa común, donde hay una ausencia total de periodismo especializado.

La segunda tipología se construye en función de las áreas de información especializada (social, política, económica y cultural) que se encuentran en la superficie redaccional. Ahí se distinguen: a) la prensa de información general, cuando la superficie redaccional abarca las áreas especializadas en información social, política, económica y cultural; y b) la prensa de información selectiva, que selecciona cierta área o áreas informativas dejando de lado las demás.

estelares, la gran empresa periodística apuesta por la supervivencia de los generalistas. Y esta apuesta configura un freno muy importante al impulso expansivo del periodismo especializado» (Borrat, 1989a, pág. 59).

La conclusión obvia es que para que exista periodismo especializado hace falta que su producción esté a cargo de periodistas especializados en la correspondiente *área informativa.* Cada área informativa deviene así, para los periodistas profesionales, en un *posible campo de especialización profesional,* pero también un espacio *de coexistencia conflictiva* con sus colegas, los periodistas profesionales generalistas, y con esos colaboradores no periodistas que brillan como estrellas con independencia de sus perfiles como generalistas o como especialistas.

Hoy por hoy, el panorama profesional que acabo de mostrar se plantea fundamentalmente en la prensa, pero no tiene por qué ser privativo de ella. De hecho, empiezan a haber periodistas especializados en la radio y la televisión, aunque no lo sean la inmensa mayoría, entre otros motivos porque en estos medios prolifera la figura del *periodista estrella.* En los nuevos medios es una figura claramente inexistente. Y, sin embargo, el futuro apunta por ahí.

7.3. De profesión: sus rutinas

En los últimos años se ha extendido en el habla coloquial de los periodistas y en los análisis de los teóricos de la comunicación el concepto de *rutinas profesionales.* Define una serie de actuaciones de los medios que regulan y determinan el ejercicio profesional por factores que no tienen nada que ver con la importancia intrínseca de los hechos o su actualidad.

Las rutinas han entrado a formar parte de la vida cotidiana

del periodista, que las contempla como un factor inherente a la propia esencia del periodismo. Se ven como una servidumbre de la premura que impone trabajar con hechos de actualidad y como imperativos del propio proceso de producción de los medios.

Fue la socióloga norteamericana Gaye Tuchman una de las primeras observadoras que llamó la atención sobre el fenómeno de las prácticas informativas (Tuchman, 1983). Comprobó que la organización de las redacciones había impuesto un ritmo de trabajo que incidía en tres campos concretos (el espacio, el tiempo y las fuentes) y determinaba el temario de un medio. Los medios, en efecto, construyen una red informativa espacial según la cual los hechos se definen como noticias cuando los periodistas son testigos de ellos o cuando pueden saber de ellos sin mayor esfuerzo. Eso implica que los medios informan fundamentalmente de los hechos que suceden donde tienen corresponsales o reporteros, y los suelen tener en los lugares que consideran importantes. La importancia se define en función de las actividades de las instituciones públicas (Gobierno, ayuntamientos, sindicatos, etc.). Lo que no ocurra en estos lugares tendrá menos oportunidad de ser noticia.

La estructuración del tiempo en una redacción también influye sobre la evaluación de los sucesos como acontecimientos informativos. «Una consecuencia de las horas de trabajo es que hay pocos reporteros disponibles para cubrir relatos antes de las diez de la mañana o después de las siete de la tarde los días laborables, y todavía menos en esas horas los fines de semana», dice Tuchman. Por lo tanto, un hecho que ocurre por la noche debe tener mucha más importancia para incluirse en el temario que uno que sucede durante el día. Si un hecho no se produce en la jornada laboral de un periodista tendrá muchas menos posibilidades de ser noticia.

A veces sucede la paradoja de que no es el periodista el que adecua su ritmo de trabajo al acontecer de los hechos, sino que son algunos hechos los que se acoplan al horario del periodista. «También los centros públicos tienen en cuenta las necesidades horarias de los *mass media*; sus conferencias de prensa se producen en momentos especialmente adecuados para los reporteros de la prensa, la radio o la televisión. Este comportamiento es especialmente verificable en el caso de grupos o instituciones políticas. En España, por ejemplo, los partidos políticos ya no convocan conferencias de prensa a última hora de la tarde, sino a mediodía. Así se aseguran que los espacios en la prensa escrita no tendrán las apreturas de última hora y además podrán alcanzar los servicios informativos de radio y televisión» (Bezunartea, 1988, pág. 152).

El tema de las fuentes, tal como se ha indicado en el capítulo 3, es clave para que el medio obtenga su información. Una de las características básicas del trabajo informativo debe ser la veracidad de sus contenidos, y eso obliga a un proceso de verificación. Los medios suelen considerar unas fuentes más fiables que otras, y entre las primeras quienes se llevan la palma son las fuentes institucionales. Siempre tendrá más peso la información facilitada por un director general que la de un simple subalterno, aunque puede darse el caso de que la segunda sea más cierta que la primera (¿hace falta recordar aquí la increíble sarta de mentiras que suministraron a la opinión pública mundial las fuentes oficiales que informaron de la guerra del Golfo, comenzando por el propio Pentágono; o la falsedad de acusaciones sobre la tenencia de armas químicas de destrucción masiva que fue el pretexto para desencadenar la guerra de Irak?).

El hecho de que los medios consideren las fuentes institucionales como las legitimadas, significa que incluyen en su temario una abrumadora mayoría de noticias que las tienen como origen. Al periodista, por otra parte, le es mucho más

cómodo acudir a ellas porque: a) no suele verificar su información, pues tienen la patente de la credibilidad; y b) muchas
veces no tiene que ir en busca de la información, porque las
propias instituciones le suministran todo tipo de datos a través de los gabinetes de comunicación. A pesar de que la misión de dichos gabinetes es la de facilitar la tarea del periodista
y no sustituirla, la práctica cotidiana confirma la enorme tendencia de los medios a aceptar como propias, y sin contrastar,
informaciones que, dado su origen, nunca son imparciales.

> La rutinización reduce la labor del periodista a una mera correa
> de transmisión de contenidos en cuya elaboración no participa,
> pero a los que transfiere la credibilidad que la sociedad deposita
> en él. [...] Abandona los principios básicos de la profesión, pero
> presenta el producto ante la audiencia como si los respetara.
> Acontece así cuando se incluyen en el temario textos informati-
> vos que han sido facilitados por las fuentes y que se divulgan sin
> advertir su origen ni su autoría. Es más, se publican con toda la
> apariencia de ser un trabajo hecho por un redactor de un diario.
> Sucede principalmente con los comunicados de prensa remitidos
> por los gabinetes (de comunicación) redactados con todos los
> elementos formales de una notita (titular, línea de crédito, lid...)
> para *facilitar* la labor del periodista (Túñez, 1999, p.150).

Las rutinas profesionales, pues, acaban siendo algo más
que un marco rígido para la información, no sólo porque imponen ritmos de trabajo, sino porque definen ausencias informativas y contenidos temáticos. Demasiadas veces se contempla como inevitable lo que es sólo pura conveniencia: para los
medios, que no tienen que forzar ni incrementar los recursos
humanos y técnicos que dedican a la información; para las instituciones, que son quienes salen beneficiadas por este sistema, y para un amplio sector de periodistas, que, por comodidad
o interés, delegan la facultad de informar en instancias ajenas

a la profesión. En nombre de las rutinas, los medios incluyen y jerarquizan, pero, sobre todo, excluyen información.

7.3.1. *Nuevas tecnologías, nuevos problemas*

La incorporación de las nuevas tecnologías al periodismo ha supuesto un profundo cambio en la producción de la información, pero ha afectado básicamente a las tareas del periodista. En estos momentos, un informador ha visto incrementada su productividad a límites importantes, ya que ha desaparecido la línea divisoria que separaba las tareas manuales de las intelectuales. Rintala y Suolanen (2005), en una investigación realizada en Finlandia entre 2001 y 2002, sintetizan las transformaciones en los perfiles profesionales del siguiente modo:

a) *Transferencia de tareas.* Las funciones que antes llevaba a cabo un profesional determinado, ahora las asume otro. Sucede con los periodistas de televisión, a los que se les pide que, además de redactar el *off* y locutarlo, también editen el vídeo de la noticia, una tarea que tradicionalmente realizaba un montador y ahora en muchas redacciones ha pasado a ser competencia del redactor.

b) *Fusión de roles.* Ciertas actividades que en el pasado correspondían a dos o más profesionales, ahora son ejecutadas por uno solo. Es el caso del infografista, que antes trabajaba sólo para la edición impresa y ahora también elabora infografías para la web.

c) *Incremento de labores.* Los nuevos medios amplían las tareas que ejerce el periodista, como ocurre con la necesidad de intervenir en todas las fases del proceso productivo y de elaborar una misma noticia para el informativo de televisión, para la web y para el sistema de

alertas vía SMS o correo electrónico (Salaverría y García
Avilés, 2008).

La progresiva presencia de la técnica hace que el periodista,
en muchas ocasiones, esté más preocupado por la forma de lo
que explica que por el contenido. Si a ello sumamos el resto de
rutinas profesionales, nos encontramos un panorama en el
que la información cede terreno, las noticias no se contrastan
y los temarios son cada vez menos plurales, tanto en temas
como en fuentes. Un panorama en el que el periodismo se de-
teriora. Y, sin embargo, las nuevas tecnologías no implican,
por sí mismas, una degradación en tal sentido. «Las nuevas
tecnologías de la información hacen posible que los periodistas accedan a más fuentes, a más instituciones, a más personajes públicos y privados. Tienen vía directa a bancos de datos y,
además, podrían ser los únicos trabajadores que pudiesen
controlar del principio al final la realización de su producto,
porque, en teoría, no hay ningún paso intermedio entre ellos
y las rotativas, ya que los informadores se cuidan ahora de
todo lo que llamamos preproducción» (López, 1993, pág. 8).

7.4. El código de ética profesional

La libertad de expresión y el derecho a la información son dos
de los fundamentos básicos de una sociedad democrática. Su
importancia exige la defensa permanente de estos principios
de cualquier intento de restricción o coacción procedente de
toda forma de poder, y también de su posible degradación,
producida por su eventual inobservancia o adulteración por
parte de los propios medios o de quienes trabajan en ellos. Los
periodistas son quienes, en primer lugar, tienen el compromiso de salvaguardar dichos principios; para ello cuentan con las

leyes y con su propia conciencia, de acuerdo con los principios deontológicos de la profesión periodística.

El código deontológico de los periodistas existe en muchos países y supone la adopción de unas normas de conducta profesional que van más allá de lo que contienen las normas legales. Desde noviembre de 1992 existe en España un código deontológico promovido por el Colegio de Periodistas de Cataluña. Los criterios que defiende son los siguientes:

a) *Observar siempre una clara difusión entre los hechos y las opiniones o interpretaciones*, evitando toda confusión o distorsión deliberada de ambas cosas, así como la difusión de rumores.

b) *Difundir únicamente informaciones fundamentales*, evitando en todo caso afirmaciones o datos imprecisos y sin base suficiente que puedan lesionar o menospreciar la dignidad de las personas y provocar daño o descrédito injustificado a instituciones y entidades públicas y privadas, y evitando también la utilización de expresiones o calificativos injuriosos.

c) *Rectificar con diligencia* y con el tratamiento adecuado a la circunstancia las informaciones —y las opiniones que se deriven— que hayan demostrado ser falsas y que, por tal motivo, resulten perjudiciales para los derechos o intereses legítimos de las personas y/u organismos afectados, sin eludir, si hiciese falta, la disculpa, con independencia de lo que las leyes dispongan sobre la cuestión.

d) *Utilizar métodos dignos para obtener información o imágenes*, sin recurrir a procedimientos ilícitos.

e) *Respetar el* «off the record» cuando haya sido invocado expresamente, de acuerdo con la práctica usual de esta norma en una sociedad libre.

f) *Reconocer a las personas individuales y/o jurídicas el derecho a no proporcionar información ni responder preguntas*, sin perjuicio del deber de los periodistas a atender el derecho de los ciudadanos a la información. Por lo que afecta a los asuntos relacionados con las administraciones públicas, el derecho fundamental a la información ha de prevalecer siempre, por encima de cualquier restricción que vulnere injustificadamente el principio de la transparencia informativa a que están obligadas.

g) *No aceptar nunca retribuciones o gratificaciones de terceros* por promover, orientar, influir o haber publicado informaciones u opiniones. En todo caso, no se ha de alterar el ejercicio de la actividad periodística con otras actividades profesionales incompatibles con la deontología de la información, como la publicidad, las relaciones públicas y las asesorías de imagen, tanto si es en el ámbito de las instituciones u organismos públicos como en entidades privadas.

h) *Respetar el derecho de las personas a su propia intimidad e imagen*, especialmente en casos o acontecimientos que generen situaciones de aflicción o dolor, evitando la intromisión gratuita y las especulaciones innecesarias sobre sus sentimientos y circunstancias, sobre todo cuando las personas afectadas lo expliciten.

i) *Observar escrupulosamente el principio de presunción de inocencia* en las informaciones y opiniones relativas a causas o procedimientos penales en curso.

j) *Tratar con especial cuidado toda la información que afecte a menores*, evitando difundir su identificación cuando aparecen como víctimas (excepto en el supuesto de homicidio), testimonios o inculpados en causas criminales, sobre todo en asuntos de especial trascendencia social, como es el caso de los delitos sexuales. También se evitará identificar contra su voluntad a las personas próximas o familiares inocentes de acusados o convictos en procedimientos penales.

k) *Actuar con especial responsabilidad y rigor en el caso de informaciones u opiniones con contenidos que puedan suscitar discriminaciones por razones de sexo, raza, creencias o extracción social y cultural, o incitar al uso de la violencia*, evitando expresiones o testimonios vejatorios o lesivos para la condición personal de los individuos y su integridad física y moral.

EN RESUMEN...

Estamos en una sociedad en la que el conocimiento está mediatizado por los medios de comunicación y en la que hay una dependencia cada vez mayor de los medios para conseguir una determinada percepción del mundo. Se ha dicho hasta la saciedad que la información es una condición básica para una sociedad libre. Una persona desinformada es incapaz de tomar decisiones adecuadas en los distintos ámbitos de la vida.

Las nuevas tecnologías hacen posible el aumento de la información, pero ha de ser cualitativa y no cuantitativa. Más información no significa necesariamente mejor información. He dicho en más de una ocasión que una persona no está más informada por estar conectado a Internet las veinticuatro horas del día, leer cinco diarios, escuchar múltiples emisoras de radio o conectar con distintos canales de televisión, sino cuando es capaz de: a) distinguir los elementos básicos para interpretar la realidad; b) darse cuenta de las omisiones clave para la misma; c) descubrir las tácticas y estrategias de persuasión empleadas en la emisión de mensajes informativos, lo cual implica conocer los mecanismos de producción de la información; y d) ser capaz, en consecuencia, de aceptar o rechazar el mensaje, global o parcialmente, pero siempre desde una actitud crítica.

Las páginas anteriores se han escrito para ayudar al consumidor de medios a entender de qué va la producción de mensajes, y para recordar al periodista su papel clave en ese proceso. A pesar de todas las presiones (que las hay) y de todas las rutinas (que existen), la función fundamental de los profesionales sigue siendo la de informar, interpretar y analizar lo que ocurre, no la de vender información como si de zapatos se tratase. Si los medios desempeñan un papel básico en el establecimiento de una conciencia común, ese papel no debe confundirse con estrategias comerciales dedicadas a captar público a cualquier precio. Podría darse el caso (y hay atisbos de ello) de que las tácticas empleadas para incrementar audiencias fuesen acompañadas de una pérdida de las responsabilidades que tiene el periodismo frente a la sociedad. Este libro sólo quiere aportar un grano de arena para que eso no ocurra jamás.

REFERENCIAS BIBLIOGRÁFICAS

Alarcos Llorach, Emilio (1977), «El lenguaje de los titulares», en *Lenguaje en periodismo escrito*, Madrid, Fundación Juan March.

Alonso, Manuel y Matilla, Luis (1990), *Imágenes en acción. Análisis y práctica de la expresión audiovisual en la escuela activa*, Madrid, Akal.

Armentia, J.I., Caminos Marcet, J.M., Elexgaray, J., y otros (2000): «La información en la prensa digital: redacción, diseño y hábitos de lectura», en Zer, nº 9, 2000, págs. 183-212.

Aubert, Paul (1986), «El acontecimiento», en *La prensa de los siglos XIX y XX,* dirigido por Manuel Tuñón de Lara, Leioa, Servicio Editorial de la Universidad del País Vasco.

Arno, David, y Dissanayake, Wimal (comps.) (1984), *The News Media in National and International Conflict*, Londres, Westview Press.

Benito, Ángel (1973), *Teoría general de la información*, vol. I, Madrid, Guadiana.

Bernal, Sebastián y Chillón, Albert (1985), *Periodismo informativo de creación*, Barcelona, Mitre.

Bezunartea, Ofa (1988), «La noticia, incómodo refuerzo de las instituciones», en *La prensa ante el cambio de siglo*, Bilbao, Deusto.

Bockelman, F. (1983), *Formación y funciones sociales de la opinión pública*, Madrid, Gustavo Gili.

Borrat, Héctor (1981), «Once versiones noratlánticas del 23F», en *Anàlisi. Quaderns de Comunicació i Cultura,* nº 4, 1981, Departamento de Teoría de la Comunicación, Universidad Autónoma de Barcelona.

—(1989a), *Proyecto docente*, Departamento de Periodismo, Universidad Autónoma de Barcelona.

—(1989b), *El periódico, actor político,* Barcelona, Gustavo Gili.

Boza, Didac (2010), «Revolució digital», en *Quaderns d'Escacc*, nº 1.

Casasús, Josep y Roig, Xavier (1981), *La premsa actual. Introducció als models de diari,* Barcelona, Edicions 62.

Cebrián, Mariano (1983), La información audiovisual. Un servicio a la sociedad, Madrid, Forja Comunicación.

Fernández Beaumont, José (1987), *El lenguaje del periodismo moderno*, Madrid, Sociedad General Española de Librería.

—(1988), «Funciones de los libros de estilo en los medios de comunicación», en *Revista de Ciencias de la Información*, nº 5, Universidad Complutense de Madrid.

Fontcuberta, Mar de (1999), «Pauta y calidad informativa», en *Cuadernos de Información*, nº 13, Facultad de Comunicaciones, Pontificia Universidad Católica de Chile.

—(2003), «Violencia y medios: un conflicto por resolver», en *Trípodos*, número extra, Blanquerna.

—y Borrat, Héctor (2006), *Periódicos: sistemas complejos, narradores en interacción*, Buenos Aires, La Crujía Ediciones.

Fox, Walter (1977), *Writing the News: Print Journalism in the Electronic Age,* Nueva York, Hastings House.

Galtung, J. y Ruge, M. H. (1980), «La struttura delle notizie dall'estero», en P. Baldi (comp.), *Il giornalismo come professione*, Milán, Il Saggiatore.

Gans, Herbert (1966), *Broadcasters and Audience Values in the Mass Media: The Image of Man in American Télevision News*, actas del VI Congreso Mundial de Sociología, Evian, 4 de septiembre, Asociación Internacional de Sociología.

García Avilés, José Alberto (2007), «El infoentretenimiento en los informativos líderes de audiencia de la UE», en *Anàlisi*, nº 35, Facultat de Ciències de la Comunicació, Universitat Autònoma de Barcelona.

GARCÍA NÚÑEZ, Fernando (1985), *Cómo escribir para la prensa*, Madrid, Ibérico Europea de Ediciones.

GARST, Robert E. y BERNSTEIN, Theodore M. (1982), *Headlines and Deadlines*, Nueva York Columbia University Press.

GÓMEZ MOMPART, Josep Lluís (1982), *Los titulares en prensa*, Barcelona, Mitre.

GOMIS, Lorenzo (1987), *El medio media*, Barcelona, Mitre.

—(1989), *Teoría dels géneres periodístics*, Barcelona, Generalitat de Catalunya.

—(1991), *Teoría del periodismo. Cómo se forma el presente*, Barcelona, Paidós.

—(1992), «Los titulares en prensa. Origen, objetivos y funciones», en *Estudios de Periodística*, Sociedad Española de Periodística, Facultad de Ciencias de la Información, Universidad Complutense de Madrid.

KAYSER, Wolfgang (1961), *Interpretación y análisis de la obra literaria*, Madrid, Gredos.

LÁZARO CARRETER, Fernando y otros (1977), *Lenguaje en periodismo escrito*, Madrid, Fundación Juan March.

LÓPEZ, Manuel (1993), «Nuevas tecnologías y rutinas narrativas», en *ComunicAccions*, Facultat de Ciències de la Comunicació, Universitat Autònoma de Barcelona.

LÓPEZ DE ZUAZO, Antonio (1977), *Diccionario de periodismo*, Madrid, Pirámide.

LÓPEZ HIDALGO, Antonio (2002), *Géneros periodísticos complementarios. Una aproximación crítica a los formatos del periodismo visual*, Sevilla, Comunicación Social Ediciones y Publicaciones.

LÓPEZ I ESTEBAN, Ángels (1987), *Estudi sobre la situació laboral dels periodistes a Catalunya*, Barcelona, Colegio de Periodistas de Catalunya.

MARTÍNEZ ALBERTOS, José Luis (1983), *Curso general de redacción periodística*, Barcelona, Mitre.

—(1989), *El lenguaje periodístico*, Madrid, Paraninfo.

—(1992), *Curso general de redacción periodística*, Madrid, Paraninfo.

MENCHER, Melvin (1977), *News Reporting and Writing*, Dubuque, Iowa, Wm. C. Brown Co. Publishers.

—(1983), *Basic News Writing*, Dubuque, Iowa, Wm. C. Brown Co. Publishers.

MORIN, Edgar (1972), «Le Retour de l'événement», en *Communications*, n° 5.

NORA, Pierre (1978), «La vuelta del acontecimiento», en Jacques Le Goff y Pierre Nora, *Hacer la historia,* vol. I, Barcelona, Laia.

NÚÑEZ LADEVÉZE, Luis (1977), *Lenguaje y comunicación*, Madrid, Pirámide.

—(1991), *Manual para periodismo*, Barcelona, Ariel.

PRADO, Emilio (1981), *Estructura de la noticia radiofónica*, Barcelona, ATE.

REY, Javier del (1988a), «Estatuto epistemológico de la redacción periodística», en *Revista de Ciencias de la Información*, vol. 5, Facultad de Ciencias de la Información, Universidad Complutense de Madrid.

—(1988b), *Crítica de la razón periodística*, Madrid, Editorial de la Universidad Complutense.

RINTALA, N. y SUOLANEN S. (2005), «The Implications of Digitalization for Job Description» en *Nordicom Review*, n.º 2 (en línea www.nordicom.gu.se).

RODRIGO, Miguel (1989), *La construcción de la noticia*, Barcelona, Paidós.

SALAVERRÍA, Ramón y GARCÍA AVILÉS, José Alberto (2008), «Convergencia tecnológica en los medios de comunicación: retos para el periodismo», en *Trípodos*, n° 23.

SÁNCHEZ, José Francisco (1990), «Títulos y titulares», en *Comunicación y Sociedad*, vol. III, n° 1 y 2, Facultad de Ciencias de la Información, Universidad de Navarra, pág. 176 y sigs.

SECANELLA, Petra María (1980), *El lid, fórmula inicial de la noticia*, Barcelona, ATE.

SERVAN-SCHREIBER, Jean-Jacques (1974), *El poder de la información*, Barcelona, Dopesa.

SHEEHAN, Paul (1972), *Repertorial Writing*, Nueva York, Chilton Book.

TUCHMAN, Gaye (1983), *La producción de la noticia*, Barcelona, Gustavo Gili.

TUDESCQ, A. J. y otros (1973), «La Presse et l'événement», en *La Presse et l'événement*, La Haya-París, Mouton.

TÚÑEZ, Miguel (1999), *Producir noticias. Cómo se fabrica la realidad periodística*, Santiago de Compostela, Tórculo Ediciones.

VERÓN, Eliseo (1971), «Ideología y comunicación de masas. La semantización de la violencia política», en VV.AA., *Lenguaje y comunicación*, Buenos Aires, Nueva Visión.

VEYNE, Paul (1978), *Comment on écrit l'Histoire*, París, Seuil (trad. cast.: *Cómo se escribe la historia*, Madrid, Alianza, 1984).

VILCHES, Lorenzo (1987), *Teoría de la imagen periodística*, Barcelona, Paidós.

WARREN, C. (1959), *Modern News Reporting*, Harper & Row.

BIBLIOGRAFÍA AMPLIADA SOBRE EL TEMA

Además de los libros que aparecen en la bibliografía de referencia, los siguientes títulos pueden servir para ampliar conocimientos:

ALTHEIDE, David L. (1985), *Media Power*, Beverly Hills, Sage Publications.

BERGER, Peter y LUCKMANN, Thomas (1984), *La construcción social de la realidad*, Buenos Aires, Amorrortu.

CASASÚS, Josep Maria (1988), *Iniciación a la periodística. Manual de comunicación escrita y redacción periodística informativa*, Barcelona, Teide.

CEBRIÁN, Mariano (1983), *La mediación técnica de la información radiofónica*, Barcelona, Mitre.

DOVIFAT, E. (1980), *Política de la información,* vol. I, Pamplona, Eunsa.

FISHMAN, M. (1983), *La fabricación de la noticia*, Buenos Aires, Tres Tiempos.

FRASER BOND, F. (1986), *Introducción al periodismo*, México, Limusa.

Fontcuberta, Mar de (1980), *Estructura de la noticia periodística*, Barcelona, ATE.

—(comp.) (1985), *La comunicación internacional*, en *Enciclopedia de periodismo*, vol. I, Barcelona, Mitre.

—(comp.) (1986), *Países y medios de comunicación*, en *Enciclopedia de periodismo*, vol. II, Barcelona, Mitre.

—(comp.) (1987), *Periodismo escrito*, en *Enciclopedia de periodismo*, vol. III, Barcelona, Mitre.

—(1988), «El periodista ¿transmisor de ficciones o creador de la realidad?, en Esteban López Escobar y José Luis Orihuela (comps.), *La responsabilidad pública del periodista*, Pamplona, Servicio de Publicaciones de la Universidad de Navarra.

—(1989), «Representación informativa y vida privada», en *Análisi. Quaderns de Comunicació i Cultura*, nº 12, Departament de Periodisme, Universitat Autònoma de Barcelona.

—(1989), «Velles pors, noves tecnologies», en *Barcelona, Metrópolis Mediterrània,* nº 13, Ayuntamiento de Barcelona.

—(1990), «La prensa para mujeres o el discurso de lo privado: el caso HYMSA», en Manuel Tuñón de Lara (comp.) *Comunicación, cultura y política durante la Segunda República y la Guerra Civil*, vol. II, Leioa, Ediciones de la Universidad del País Vasco.

—(1990), «El discurso de la prensa del corazón», en *Análisi. Quaderns de Comunicació i Cultura*, nº 13, Departament de Periodisme, Universitat Autònoma de Barcelona.

—(1991), «La información sobre consumo. Los medios especializados», en *El consumo en los medios de comunicación*, Junta de Andalucía.

—y Gómez Mompart, Josep Lluís (1983), *Alternativas en comunicación*, Barcelona, Mitre.

—y Vázquez, Teresa (1984), «Análisis discursivo y comparado del seguimiento de una noticia en dos diarios barceloneses», en *Actas del I Congreso de la Asociación Española de Semiótica,* Toledo.

— y Vázquez, Teresa (1987), «La interpretación en la noticia periodística: modelo de análisis», en *Métodos de análisis de la prensa*), en *Mélanges de la Casa de Velázquez* (anexos), Madrid.

GARBARINO, Andrea (1985), *Sociologia del giornalismo. Professione organizzazione e produzione di notizie*, Turín, Edizioni Rai, Radiotelevisione Italia.

GIACOMANTONIO, M. (1979), *La enseñanza audiovisual*, Barcelona, Gustavo Gili.

MARTÍNEZ ABADÍA, José (1995), *Introducción a la tecnología audiovisual*, Barcelona, Paidós.

MISSOURI GROUP (1985), *News Reporting and Writing*, Nueva York, S. Martin Press.

MUÑOZ, José Javier (1986), *La radio: teoría y práctica*, Madrid, Instituto Oficial de Radio y Televisión.

PATTEN, D. (1988), *Los periódicos y los nuevos medios de comunicación*, México, Prisma.

RATZKE, Dietrich (1986), *Manual de los nuevos medios*, Barcelona, Gustavo Gili.

REBOUL, Elie (1980), *Aprender a usar las fuentes de información*, Madrid, Narcea.

ROMANO, Vicente (1984), *Introducción al periodismo. Información y conciencia*, Barcelona, Teide.

SIGAL, Leon V. (1973), *Reporters and Officials: The Organization and Politics of Newsmaking,* Lenxinton, Mass., D.C. Heath and Co.

SMITH, A. (1983), *Goodbye Gutenberg. La revolución del periodismo electrónico*, Barcelona, Gustavo Gili.

VAN DIJK, Teun (1990), La *noticia como discurso. Comprensión, estructura y producción*, Paidós, Barcelona.

VIVALDI, Gonzalo (1990), *Curso de redacción. Del pensamiento a la palabra. Teoría y práctica de la composición y el estilo*, Madrid, Paraninfo.

VV. AA. (1986), *El País o la referencia dominante*, Barcelona, Mitre.

VV. AA. (1990), *El lenguaje de los medios de comunicación*, Zaragoza, Asociación de la Prensa de Zaragoza.

WOLF, Mauro (1987), *La investigación de la comunicación de masas. Crítica y perspectivas*, Barcelona, Paidós.

Y además...

Leer una serie de libros es importante, pero no basta para conocer a fondo el funcionamiento de los medios de comunicación. Una opinión pública bien formada exige un distanciamiento crítico capaz de evaluar, analizar, seleccionar y tomar postura frente a los contenidos de la prensa, la radio y la televisión, tanto en su vertiente informativa como en la publicitaria.

El análisis del periodismo requiere una teoría y una práctica, y para eso pueden ayudar algunas acciones concretas. La primera, por ejemplo, es acostumbrarse a recibir información por todos los medios y soportes (prensa, radio, televisión e Internet). La segunda es no limitarse a un solo periódico, emisora o canal. En primer lugar, porque tendremos acceso a más informaciones; en segundo lugar, porque podremos seguir una noticia tratada desde ángulos diferentes, con fuentes distintas o, incluso, opiniones enfrentadas. La tercera es convertirnos en consumidores críticos de los medios.

Existe consenso a la hora de aceptar que una economía de mercado exige la existencia de consumidores informados y críticos, capaces de detectar y corregir los posibles abusos y disfunciones. El consumidor educado sabe lo que quiere y cómo lo quiere, y ha de ser capaz de reconocer un producto defectuoso.

El mismo proceso se plantea con el consumo de los medios de comunicación. Si somos capaces de analizar una información sabremos valorarla en su justa medida, y si el resultado es negativo, intervenir. La intervención puede hacerse bien a través de los canales del propio medio (cartas al director, llamadas telefónicas, comentarios en la red, quejas al *ombusdman*, figura que existe en algunos medios, por ejemplo, en el diario *El País*, y que tiene como misión la defensa del receptor), bien a través de vías externas al medio, como pueden ser determinadas asociaciones de consumidores de la comunicación, las interpelaciones parlamentarias o los recursos ante el Defensor del Pueblo, por ejemplo.

Por último, siempre nos quedará un recurso final: dejar de consumir el medio. Es el definitivo.

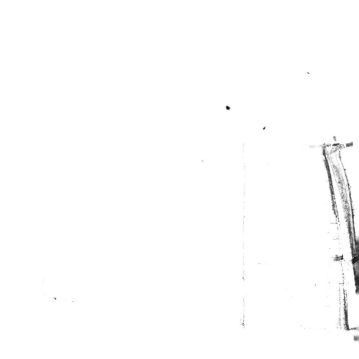